中华先贤人物故事汇

司马迁

刘银昌 著

中华书局

图书在版编目(CIP)数据

司马迁/刘银昌著. —北京:中华书局,2020.11(2024.4重印)
(中华先贤人物故事汇)
ISBN 978-7-101-14759-9

Ⅰ.司… Ⅱ.刘… Ⅲ.司马迁(约前145或前135~?)-生平事迹 Ⅳ.K825.81

中国版本图书馆CIP数据核字(2020)第172941号

书 名	司马迁	
著 者	刘银昌	
丛 书 名	中华先贤人物故事汇	
责任编辑	焦雅君　董邦冠	
责任印制	陈丽娜	
出版发行	中华书局	
	(北京市丰台区太平桥西里38号　100073)	
	http://www.zhbc.com.cn	
	E-mail:zhbc@zhbc.com.cn	
印 刷	三河市宏达印刷有限公司	
版 次	2020年11月第1版	
	2024年4月第5次印刷	
规 格	开本/787×1092毫米　1/32	
	印张4¼　插页2　字数50千字	
印 数	17001-20000册	
国际书号	ISBN 978-7-101-14759-9	
定 价	20.00元	

出 版 说 明

　　孔子周游列国，创立儒家学说；张骞出使西域，开辟丝绸之路；书圣王羲之，留下了曲水流觞的佳话；诗仙李白，写下了"举头望明月，低头思故乡"的名篇；王安石为纠正时弊，推行变法；李时珍广集博采，躬亲实践，编撰医药学名著《本草纲目》……

　　这些杰出的历史人物，有的是在中华民族文明进程中做出过突出贡献、对后世产生过巨大影响的思想家、政治家，有的是对中华优秀传统文化的传承传播发挥过重大作用的文学家、艺术家、科学家，有的是为国家安定统一、民族融合团结和中外文化交流做出过杰出贡献的军事家、外交家……他们为中华民族的繁荣发展做出了伟大的贡献，他们的行为事迹、风范品格为当世楷模，并垂范后世。

他们是中华民族的先贤人物。他们的思想、品德、事迹，是中华优秀传统文化的结晶。他们的故事，是对中华民族的禀赋、特点和气质最生动、最鲜活的阐释。他们的名字，在五千年中华文明史上最为光彩夺目。他们为五千年中华文明史书写了最为光辉灿烂的篇章。

为了解先贤，走近先贤，我们精心组织编写了这套《中华先贤人物故事汇》丛书。以详实可靠的史料为依据，以细腻动人的故事为载体，真实地呈现中华先贤人物的事迹、品格和精神风貌，彰显他们的贡献和功绩，以激发人们对国家民族的热爱，对中华文明、中华优秀传统文化的崇敬。

开卷有益，期待这套丛书成为你的良师益友。

目 录

导 读

　　司马迁（约前145—前87），字子长，夏阳龙门（今陕西韩城）人。

　　司马迁出生在一个史官家庭。他的父亲司马谈在汉武帝时曾任太史令，学识渊博，著《论六家要指》，纵论天下学术。

　　司马迁勤奋好学，自幼跟祖父和父亲读书学习。他曾跟随儒学大师董仲舒学习公羊派《春秋》，跟随五经博士孔安国学习古文《尚书》。家庭教育和从师学习为司马迁打下了坚实的文化基础。

　　读万卷书，行万里路。司马迁二十岁时，开始了广泛的游历研学活动。他从长安出发，游历范围涉及今天的湖南、江西、浙江、江苏、山东、河南等地。在游历过程中，司马迁寻访传说中大禹的遗迹，凭吊屈原，察访韩信母亲的墓地，拜谒孔子圣迹，游览春申君的宫殿、孟尝君的故城以及信陵君所在的大梁，又到丰沛一带参观西汉开国君臣的故居……游历不仅让司马迁了解了各地的民风民俗，还加深了对历史政治的理解。司马迁搜集了许多资料和传说，对日后撰写《史记》起了很大作用。

司马迁结束游历返回长安后，于汉武帝元狩元年（约前122）入仕为郎中。在任郎中其间，他奉旨到过四川、云南一带，也曾作为侍从陪汉武帝巡狩封禅，足迹几乎遍及全国各地。这些经历开拓了司马迁的胸襟和眼界，让他有机会接触到各个阶层、各种人物的生活。

汉武帝元封元年（前110），司马迁的父亲司马谈因病不能作为侍从随汉武帝封禅泰山，滞留在洛阳，抑郁而终。父亲去世前，嘱咐司马迁完成其未竟的著述之事。元封三年（前108），司马迁接替父职继任太史令。为实现父亲遗愿，他孜孜不倦地阅读国家藏书。太初元年（前104），司马迁开始撰写

《史记》。

天汉二年（前99），李陵抗击匈奴，兵败投降，汉武帝震怒。司马迁仗义执言，触怒了汉武帝，被下狱收审，之后遭受宫刑。这种奇耻大辱，令司马迁近乎崩溃。尽管后来司马迁遇大赦，升为中书令，但惨痛的教训让他对政治失去了兴趣。

司马迁受到父亲的影响，对道家思想颇有认同。但他最服膺孔子，深信孔子"君子疾没世而名不称焉"的立名思想，希望能够效法孔子，写出一部"究天人之际，通古今之变，成一家之言"的传世著作。父亲的遗命和自觉、强烈的文化责任感，使他在逆境中坚韧不拔，最终完成了被鲁迅誉为"史家之绝唱，无韵之《离骚》"的鸿篇巨制《史记》。

作为二十四史之首的《史记》，是第一部由个人独立完成的纪传体通史。司马迁改变了以往历史记载以时间、国别为中心的写法，第一次以人为本位来记载历史，表现出对人在历史中的地位与作用的高度重视，开创了纪传体的先河，《史记》也成为我国传记文学的开端。他开创的本纪、世家、列传、书、表等五种体例，为后世史家所遵循。《史记》被西汉刘向、扬雄誉为"辨而不华，质而不俚，其文直，其事核，不虚美，不隐恶，故谓之实录"，这种实录精神激励了一代又一代的历史学家。

司马迁在《悲士不遇赋》中说："没世无闻，古人惟耻。"尽管在他死后多年，《史记》才开始流传，但至今不衰。司马迁也因此被尊为"史圣"。他虽然活着的时候深感怀才不遇，却最终完成了对"没世不闻"的超越。

耕 读

一

黄河东流，龙门北峙。

龙门山南宽阔的黄土塬上，沟壑纵横，草木蓊郁，阡陌交通，村舍俨然。黄河从塬东奔流不息，浪花朵朵，向南蜿蜒而去。

塬上几位少年，六七岁模样，生龙活虎地奔跑着，正玩着蹴鞠（cù jū）的游戏。圆圆的皮鞠在几个人脚下飞来滚去，尘土飞扬。脚步声，呼喊声，夹杂着附近林子里的虫唱鸟鸣，汇成一曲田园欢歌。

这是西汉建元二年（前139）暮春的一天。即位两年的汉武帝刘彻，在文景之治的基础上，把国家治理得井井有条。

龙门山南土塬上几个年少农家子弟，正享受着快乐时光。突然，一个高个少年指着一个稍矮男童，指责对方故意踢人。眼看高个少年就要动手，围观者起哄多于劝阻。

起哄声传出很远。在起哄声中，传来另一个声音："且慢动手！"

大家循声望去，只见一个少年左持竹书，右持牧鞭，气喘吁吁地向这边跑来。

"司马迁！"几个孩子中有人认出了来者。

司马迁把牧鞭扔在地上，急忙拉住高个少年，从容地说："君子戒之在斗，勿怒！"

气头上的高个少年放下拳头，注视着眼前这个比他矮一头的斯文少年，一脸鄙夷地说："我为何要听你的？"

司马迁微笑道："我们竞技，你输了，就听我的。我如果输了，算我多此一举，你任意惩罚我。"

"比什么？"高个少年问。

"蹴鞠。"

"司马迁，你比不过他的，还是比别的吧。"人群中有人提醒道。

高个少年听到"蹴鞠"二字，兴奋起来，自信地说："怎么比？"

"塬那边崖上有个小洞穴，我们看谁能把皮鞠踢进去。"司马迁不顾其他人的建议，说出了具体规则。

高个少年也不示弱，说："那就去比。"

少年们喊叫着来到塬边。大家抬头望去，隔着一道数仞宽的谷道，对面崖上果然有个瓮大的洞穴。这应该是某种动物曾经躲藏的地方。

"谁先踢？"高个少年问。

"你先踢三次，踢进一次就算取胜。"司马迁用竹简指着对面的洞穴说。

眼看竞技就要开始了，大家都很兴奋。有人下到谷底等着捡皮鞠，有的则跑到对面看谁能把皮鞠踢进去。

高个少年看了看对面，选了一个点把皮鞠放在地上，右脚冲着皮鞠腾空踢出。说来奇怪，直线飞出的皮鞠，到了谷道中间时，却晃晃悠悠向一旁偏离。结果皮鞠打中洞穴旁边的土崖，落入谷底。

高个少年觉得奇怪。同伴把皮鞠捡上来给他，他又一次瞄准踢出。结果跟第一次一样。他不信邪，自己往日不说是百发百中，也是十踢九中。没想到今天隔了一道不宽的谷道，竟然就连连失误。

司马迁在一旁一直静静地看着。其他孩子也都不敢相信自己的眼睛。

高个少年瞄了又瞄，第三次踢出皮鞠。

大家都屏住呼吸，目不转睛地盯着飞出的皮鞠。

司马迁也略显紧张，在一边看着。

"啪！"皮鞠又一次从洞穴旁边的土崖弹落下去。

高个少年顿时泄了气，转向司马迁说："看你的了。"

司马迁接过皮鞠，选准了方向，然后飞身向前将皮鞠踢出。皮鞠直线飞出，在经过谷道中间时，微微一偏，向洞穴飞去。

"好，正中！"几个孩子欢呼起来。一开始叫

"司马迁"的那个孩子跑过来，冲着他啧啧称赞："你太神了，没想到你也踢得这么好！"

司马迁弯腰拿起竹简，自谦道："过誉了。"然后回头告诉高个少年："君子一诺千金，这下你该听我的了吧。"

高个少年说："我虽非君子，但既然技不如人，理当听你吩咐。"

司马迁拉着矮个男童的手，看着高个少年说："四海之内，皆兄弟也，何况是经常在一起玩的人。希望大家以后情同手足，仁爱相待。"说着，把两人的手叠在一起。

高个少年面露羞赧（nǎn），说："他把我的腿踢得好痛，我实在生气，想施以颜色。"

其他孩子都大笑起来。高个少年最终跟矮个男童和好如初。

经过介绍，其他孩子也都知道来者叫司马迁。那个最早认出司马迁的孩子，正是他的邻居。

原来，司马迁就在塬上一个小七坡边放羊，一边看书，一边任由羊儿到土坡上吃草。少年们在塬上玩蹴鞠的时候，司马迁居高临下，听到他们的欢呼声，偶尔还会观赏一番。当听到大家起哄时，司马迁觉察到可能要出事，才跑来劝阻。

大家这才恍然大悟。

高个少年却仍然懵懂。他不明白自己为何不能把皮鞠踢进洞穴，就问司马迁。司马迁一笑，说："不是你踢得不好，是地形帮了我。我经常在此牧羊，知道这谷中有风。别看塬上没什么风，可到这个时辰，谷风可是不小呢。"

跑到谷底捡皮鞠的孩子也立刻附和："是的。"

"我就是利用谷风，才胜了你。"

高个少年和其他孩子无不佩服司马迁的聪慧，觉得他知晓天文地理，又有仁爱之心，将来一定有非凡的成就。

二

司马迁就生活在黄土塬上。

塬的北边是龙门山，黄河向东南流淌。山南为阳，水北也为阳。因此，这里又叫河山之阳。

说起北边的龙门山，可是无比神奇。

传说有一天，大禹治水来到陕西韩城与山西河津交界的梁山。大禹站在高处，看到黄河之水无法畅流，就命人清理积石淤泥，凿宽梁山河道。凿宽后的河道两岸，山势高耸，状如门阙。自此，黄河通过梁山关口，奔涌向南，从丘山高原流向平原，水面宽阔，蔚为壮观。而且，每当暮春时节，成群结队的鲤鱼就会逆流而上，飞跃梁山河谷。据说，能够飞跃而过的鲤鱼，便会化鱼为龙。这梁山豁口，从此被叫作龙门。梁山也因此成为龙门山。

龙门山从西北蜿蜒向东，黄河从山间龙门奔腾而过，浪声如龙吟虎啸，可谓"龙门三激浪，平地一声雷"。从龙门山向南五十余里，有一夏阳城。从夏阳再向南二十余里，有一片村落，坐落于高平宽敞的黄土塬上。小村以龙门山为后屏，以黄河为左卫，芝水河像玉带般绕过塬下缓缓流入黄河。

这小村就是司马迁的家乡。

司马迁的父亲司马谈，以及祖父司马喜，世居此地，耕读传家。司马喜不是普通农民，而是一位拥有九等爵的五大夫。五大夫虽不是什么有权力的实职，可在当地百姓眼里，也算是光耀门楣的风光人物。

司马迁曾经听父亲说过，在他刚满三个月的时候，祖父和父亲一起为他取了名字。之所以叫迁，是希望他能与时偕行，因势变化，见善则迁，立德建功。

司马迁很喜欢自己的名字。他平时在帮父亲耕种之外，还放牛放羊，读书习字，憧憬着未来做一番事业。但有个问题一直萦绕在他心里，他不明白，为何自己是司马复姓，而别人则是单姓。

这天用过早餐，司马迁便到祖父住处，问起此事。

司马喜见孙子小小年龄竟然对家族身世感兴趣，甚感欣慰。

司马喜手捻髭髯（zī rán），娓娓道来："我们本是重黎氏之后。颛顼帝时，巫风盛行，人人自命为巫以通神，家家随意祭祀以祈福，乌烟瘴气，扰乱人心。于是颛顼帝命南正重专职天上事务，沟通诸神；命火正黎专职地上事务，协调诸民。"

"我们先人统管天上人间之事，与司马有何相干？"司马迁疑惑不解。

司马喜见孙子小小年龄竟然对家族身世感兴趣，他
甚是欣慰。

"自颛顼帝始，一直到尧、舜、禹时代，我们的先人世世代代掌管天地之事，彼此各得其所。可到了周宣王时，先人不再负责天地之事。正是此时，我们的先人程伯休父，任大司马一职，从此我们就姓司马了。"说到此处，司马喜颇有失落之色。

"周宣王因何不让先人负责天地之事？"司马迁蹲在祖父身边，双手托腮，不解地问。

"唉！一言难尽。可能周宣王觉得此类事情不再重要，抑或我们先人做得不好，总之是失了官，不再负责此类事了。"司马喜将目光投向远方，陷入沉思之中。

"司马这个官职负责什么，和马有关吗？"司马迁并不能领会祖父此时的复杂心情，倒是对司马感兴趣。

司马喜告诉司马迁，大司马其实是管理军队的官员，军队有马匹，当然与马有关。

一听到和马有关系，司马迁顿时兴奋起来，说："能骑马甚好！"

司马喜说："尽管我们先人曾做大司马掌管军

事，但之后又恢复了以前的职务，开始担任周朝史官。"

"史官负责何事？想必不如大司马。"司马迁有点失望。

"史官负责修史，掌管国家文书，还要负责天文历法之类天上的事。记录历史，可以观盛衰，明治乱，为治国提供依据，意义重大。"

司马迁听祖父这么说，马上就又高兴起来，说："我长大也要做史官。"

司马喜笑着说："周室东迁以后，司马氏失去史官之职，子孙分散各地。我们这一支，四百多年前自河东迁到夏阳，显贵之人不多。秦惠文王时，先人司马错伐蜀有功，留在蜀地。秦昭襄王时，错公之孙司马靳，与白起将军一起在长平大破赵军，立下战功，可结局却是与白将军一起自杀于咸阳西门外。靳公的孙子司马昌，在前朝始皇帝时主管冶铁。昌公之子，也就是我的父亲无泽公，仅仅在国初作了长安四市中的一个市长。到我这代，凭借家底殷实，给政府捐粮，才获得一个口头的九等爵五大夫。是该改一改了，你若能在大汉朝重新做太史，那可是先人荫庇啊。"

祖孙俩正说着，邻居家的孩子前来找司马迁玩耍。司马迁和祖父打了招呼，就和同伴跑了出去。司马喜望着孙子的背影，脸上笑眯眯的。

三

司马迁蹴鞠竞技获胜，令同伴对他刮目相看。大家不再认为他仅仅是个爱读书的少年，他身上似乎还有着游侠的气质。

司马迁白天的大部分时间是在家跟随父亲或祖父读书写字。他跟父亲读《仓颉篇》，跟祖父读《论语》，读累写累了，就踱步出门，徜徉于庭院外的大树下。有时候，他会来到黄河边，望着滔滔的黄河水向东南流淌。每当此时，司马迁都会心潮澎湃，憧憬着自己有一天也像大河一样腾跃龙门，流奔远方。有时候，他会一个人站在塬上，北眺龙门，想象着三过家门而不入的大禹。

农忙时节，司马迁也会来到田间地头，帮父亲播种、除草，收割麦子和高粱。碧绿的禾苗随风起舞，缤纷的野花摇曳芬芳。齐腰的麦子金浪滚滚，火红的高粱林立如墙。虽然稼穑多艰，经常汗流满面，浑身尘土，但司马迁从不叫苦，因为他知道，这是衣食之本。

最让司马迁感到开心的还是和祖父在河边放牧牛羊。祖孙俩沿河而行，牛羊走到哪里，他们就走到哪里。祖父讲农谚，讲山川，讲秦晋和亲，讲孔子周游，讲本朝楚汉相争的故事。每一次，司马迁都沉浸在故事中思接千载，浮想联翩。司马迁敬慕故事里的英雄，对人世间的不公感到愤慨。

司马迁就这样在乡间耕读放牧。家乡的河流山川，一草一木，乃至田间不起眼的小动物，都令他难忘。乡党的淳朴，让司马迁时刻感受到脉脉的温情。而他脚下的这片土地，依山傍水，横亘秦晋。他就像一粒种子，根植于斯，生长于斯，吸收着这里的精华之气。

六月的天就像孩童的脸说变就变。早上还是艳阳高照，临近晌午，陡然间乌云密布。司马迁刚把羊群赶到一个青草丰茂的地方，看到不远处一棵大树，就走过去斜靠树干，席地而坐。司马迁将《论语》展开，看着书上的句子，有些祖父已经讲解，颇能引起他的共鸣。他也因此对伟大的孔子心生敬意。

四周寂静闷热，树上的蝉鸣让司马迁感到有些烦躁。他抬头看看羊群，擦了擦额头的汗，又埋头看书。目光所及，一行文字映入眼帘："君子疾没世而名不称焉。"人总是要死的，但一定要留下美好的名声。没世留名，不枉一生！司马迁低头想着，突然发现天色黯淡下来，抬头一看，原来是一片乌云遮住了太阳。再向天边一看，只见远处乌云翻腾，马上就要涨满整个天空。司马迁知道要下雨了，急忙驱赶羊群往家走。

司马迁刚把羊群赶进院子的大门，黄豆大的雨滴就借着风势噼里啪啦地倾洒而下，在满是尘土的地面上砸起一个个小坑。空气中顿时弥漫着一股泥土的气息。

"迁儿，你可回来了。"祖父早站在大门口，等他多时了。

"去哪里牧羊？又是只顾看书，没注意天气变化。"司马喜嗔怪道。

"祖父大人，我在后面塬上，这不回来了嘛。"司马迁一手放下牧鞭，一手把书递给祖父。

司马迁没等祖父再说别的，就匆忙把司马喜扶到屋里，然后去向母亲报平安。不大一会儿，司马谈也从田间除草回来了。他边走，边说："唉！鬼天气，耘田不多，衣服还被雨打湿了。"

司马谈急忙拿起一顶斗笠戴在头上，跑向院子门口。大门一打开，司马谈看到几个官吏打扮的人。其中一人问司马谈："此处可是司马宅院？"司马谈说声"是"，那人便拱手向他贺喜："恭喜府上高迁。"司马谈疑惑不解，详细一问，才知道自己被乡里举荐为贤良，郡太守上报朝廷，要他作太史丞的人选。

司马谈赶忙把官吏迎入家中，招呼大家坐下，拿出一些瓜果招待他们。后院的司马喜听到说话声，也来到前厅。司马迁感觉家中热闹，顾不上下雨，也赶来一看究竟。

小吏们简单吃了瓜果，便告辞而去。司马喜自言自语："久旱逢甘霖，这可真是及时雨！我们司马家族，也要右迁入贵了。"一家人看着雨中郁郁葱葱的树木，脸上绽放出灿烂的笑容。

司马迁来到祖父身边，好奇地问："父亲大人是要当官了吗？"

司马喜摸着司马迁的头说："是啊，如果天子策问合格，就可享受朝廷的俸禄。托我们先人的福，尔父又要重操祖业了。"说完，司马喜哈哈大笑。

临行前，司马谈白天不顾炎热，带着司马迁紧赶田中的农活儿。司马迁看着父亲被晒得红黑的脸庞，有些心疼父亲。他知道父亲这么做是担心自己走后家里劳力缺乏，于是也拼命地劳作。到了晚上，司马谈还不顾疲劳，辅导司马迁读书识字，督促司马迁完成规定的任务。

司马谈在家中又盘桓了几日，离别的日子越来越近了。

司马迁舍不得父亲走，就在心里祈祷苍天再下一次大雨，好阻止父亲不得出门。但是，预先择定的出行吉日还是到来了。

乙亥，行吉日。这一天，司马谈早早起了床，收拾好行装，与家人辞别。

司马迁与母亲、祖父把父亲送至门外。司马谈骑到马上，依依不舍。

司马迁从来没有长时间离开过父亲，此时拉着父亲的衣角，懂事地说："父亲大人此去长安，一路劳苦，请保重身体。"

司马谈看着儿子，说道："大丈夫志在四方，扬名耀祖。你要好好读书，切莫虚度光阴。"

司马迁连连点头。

司马喜以及司马迁的母亲不停地向司马谈叮嘱着。司马谈告诉他们，一旦自己得授官职，就回来接他们。司马谈说完，策马扬鞭，奔长安方向而去。

四

父亲走后，司马迁闷闷不乐，生活中似乎缺少了很多东西。尽管他仍然像往常一样读书、写字，帮家人放牧、耕耘，但对父亲的思念就像塬上的小草，从泥土里油然冒出，疯狂滋长。

司马迁每天扳着指头数日子，一天，两天，三天……眼看父亲走了将近一个月了，却音信全无。母亲和祖父看到他失魂落魄的样子，都笑着安慰他。

日子到了丁未。司马迁正在院子里帮母亲喂鸡，忽然听到远处传来哒哒的马蹄声。司马迁抬头一看，村道上尘土飞扬，由远而近，但见一人骑马而来。定睛看时，司马迁不禁高兴得大喊起来："父亲回来了！"说着，立刻跑出门外。

司马谈此时也赶到了家门口，翻身下马，一把抱起司马迁。

父子二人回到院内，一家老小都走出屋门相迎。有人把马拴到一边，端来一铜盆水让司马谈洗脸。

"父亲，长安之行可顺利？"司马迁问道。

"试对三策，均是天文、历算、祭礼之类，所幸为父平日不曾荒废家学，侥幸过关，可能要参与营建茂陵之事。"司马谈掸着身上的尘土告诉司马迁。

司马迁敬佩地看着父亲，又问父亲缘何月余方归。

司马谈微笑道："父欲早归，无奈去时八日，到后又休缓两日才受试。试毕又拜谒官署同僚，各种造册，不胜烦琐。回来路上又需八日有余，还要赶在吉日入室。"

"父亲大人没来得及欣赏长安胜景？"司马迁问。

"来日方长，以后带你同看。"

司马谈接着向父亲司马喜汇报了一些在京城的情况，表示此次回来是要接家人回长安一起生活。司马喜自然喜不自胜，招呼人赶紧为司马谈做饭。

饭毕，一家人商议着去长安生活的事。

司马喜说："我年事已高，不便远行，但愿在此守着先人田业。你们无论去到哪里，也算有个牵挂。"

司马谈不好勉强父亲，只得从命。邻里乡党帮忙收拾了一些生活必需之品，司马谈便带着妻儿启程出发。司马谈骑马，司马迁和母亲等人坐车。当真要离开自己生活的地方时，司马迁坐在马车里，一手扶着车厢，一手挥动着向祖父告别。

老家的宅院越来越远，故乡的山川草木也逐渐模糊。司马迁的眼睛里充满泪水。母亲把他搂在怀里，告诉他还会回来看祖父的。司马迁舍不得祖父，舍不得一起放牧，一起玩蹴鞠的伙伴，舍不得自己放牧的牛羊，舍不得自己熟悉的一草一木⋯⋯

求 学

一

初到长安，司马迁对一切都充满了好奇。他看到宽阔的大道上车水马龙，高大的宅宇鳞次栉比，各种以前从未见过的东西在长安都能见到。新环境带来的兴奋感，逐渐淡化了对他对故乡的思念。他开始融入长安，开始新的生活。

司马谈尽管有着家学渊源，受试优异，但为了更好地胜任太史丞一职，他也要向一些学有专长的长辈学者请教。

由于太史丞要协助太史令观测星象和制定历法，司马谈就向著名的术士唐都学习天官之学。唐都精通星象历法，曾受皇帝指派，与太常署诸人测定二十八宿的距离和角度。

太史丞还要占卜国家大事，所以，司马谈还向当时著名的易学家杨何学习《易经》。杨何可不是一般的人物，他的易学来自孔子嫡传。

自孝文皇帝开始崇尚黄老，及孝景帝与窦太后时代，黄老盛行。司马谈本就性喜道家，加之时风浸染，故又向著名的黄老学者黄生学习道家学说。黄生精通道家之学，曾在皇帝面前驳斥儒生辕固生。

司马谈日与名儒宿学相交，加之虚心求教，见识和学养与当初在夏阳时已不可同日而语。

转眼之间，司马迁随父母来到长安已一年有余。

司马迁看到父亲每天早出晚归，在休息日还要去老师那里学习专业知识，比在老家时还要辛苦，就奇怪地问："父亲大人，莫非侍君不若务农？"

"何出此言？"司马谈一愣，反问道。

"父亲大人在夏阳老家，尚且有暇清闲。如今为官反倒更加繁忙，这是为何？"司马迁说出了自己的困惑。

"为道日损，为学日益。太史令虽然职位卑微，但事关重大。测天历象，祀神修文都需要专业知识技能。等我苦学之后，再由博返约，执简驭繁，庶几近道。"司马谈说。

司马迁对父亲的话能懂几分，只是这"执简驭繁，庶几近道"几个字，颇有玄机。

眼看要到秋分时节，天气变得凉爽起来。司马谈正巧赶上休息日。夕食之后，一家人围坐在桂花飘香的院子里。

金风送爽，素月高悬。司马迁吃着枣子，吟诵着《诗经》中"八月剥枣，十月获稻。为此春酒，以介眉寿"的诗句。他和父母聊着最近开心的事情。聊着聊着，司马迁就又聊到了父亲所学。

"父亲大人，您这一年来，都学些什么？"司马迁问。

"学的可都是关乎天道的大学问。"司马谈得意地看着儿子。

"夫君别卖关子，快告诉迁儿。"司马迁的母亲道。

司马迁也停止吃瓜果，热切地期待着父亲能给他讲些什么。

司马谈慢慢悠悠地说："我跟杨何学《易经》，才体会到天下的学问多是殊途同归，都是为了致太平。"说完，司马谈凝视着天上的明月，神态超然。

"天下都有什么学问？"司马迁问。

"天下学问繁多，最著名的有六家，也就是六个学派。"

"是哪六家啊？"司马迁更加有兴趣了。

"六家乃阴阳家、儒家、墨家、名家、法家和道家。"司马谈如数家珍。

"父亲大人详细说一下嘛。"司马迁对这些知识还似懂非懂。

"阴阳家擅长研究天地、自然，他们认为，自然规律不可违背。但是阴阳家看重灾祥征兆，忌讳太多，束缚人们的身志，使人缩手缩脚。"

"我明白了，他们所谓的规律，不一定是必然的。"司马迁接过父亲的话说。

"嗯，孺子可教也。"司马谈夸奖道。

司马迁从祖父那里没少听儒家学派孔子的故事，对孔子早就有了崇拜之情。"儒家不是孔夫子创立的吗？难道也有不足？"司马迁继续问。

"儒家所宣扬的礼制不可改变，但是内容广博却很少抓住要害，费事多，却收效微，所以儒家的主张也不能完全遵从。"司马谈说。

"墨家呢？"司马迁又问。

"墨家主张强农务本，提倡节俭，有可取之处。然过于节俭却难以长久，所以这一家的思想也不能完全照搬。"

"那法家呢？"

"法家主张端正上下名分关系，此为纲常，要坚持。但法家提倡严刑峻法，过于刻薄少恩，不可取。"司马谈滔滔不绝，神采飞扬。

司马迁无比崇拜地看着父亲，暗下决心："我以后也要成为父亲这样的博学之人。"

"还有名家呢？"司马迁迫不及待。

"名家提倡循名责实，要求名实相副，此可取也。但是过于纠缠细枝末节，专门通过名称来判断事物，反而不得其真。"说完，司马谈喝了一口水。

"六家已经说了五家了，父亲大人真厉害！"司马迁拍着手说。

"最后一家就是道家了。道家兼采众长，以虚静为本，因势利导，简便易行，无为而无不为。"司马谈说到这里，已经完全陶醉在道家的思想境界中。

司马迁看着父亲，说："父亲大人一定是最赞同道家了。"

"道法自然，舍我其谁。"司马谈一边笑着说，一边把一颗枣子放在嘴里。

司马迁的母亲看着父子二人开心的样子，也在一边抿着嘴笑。不觉已是月上中天，她催促父子二人早早休息。

一年多后，司马谈凭借不凡的学识才干和踏实的工作，赢得了朝廷的认可，于建元五年（前136）升任太史令，俸禄六百石。

二

在长安的日子平静而充实，没有牛羊的叫声，也没有繁重的耕耘任务，司马迁主要就是在家陪陪母亲，看看书。

在父亲的教导下，司马迁开始背诵《孟子》。他一个人坐在几案前，展卷诵曰："孟子见梁惠王。王曰：'叟不远千里而来，亦将有以利吾国乎？'……王亦曰仁义而已矣，何必曰利。"司马迁一口气背诵完大段文字，顿觉豪气填膺，仿佛话语非出己口，而是孟子站在一边，浩然畅论。

司马迁转念沉思文字意蕴，禁不住掩卷叹息。梁惠王作为一国之君，尚且问孟子何以利吾国，一般庶人，求利之心更是难免。难怪自己以前在老家读《论语》，很少看到孔子言利。孔夫子也只是淡然地说"君子喻于义，小人喻于利"，原来是想从根源上预防祸乱，因为夫子知道，"放于利而行，多怨"。可是，又岂止小人好利，从国君到百姓，好利之心有何差别？

正思考间，司马谈从官署回到家中，神色有些黯淡。司马迁的母亲问他有何不顺心的事。司马谈也只是叹息，一言不发。

这下可急坏了司马迁的母亲，她央求司马谈说："你们父子这是怎么了？迁儿在家里叹息，夫君回来也是叹息。莫非夫君在朝中受人排挤？知足

在父亲的教导下，司马迁开始学习《孟子》等书。

常乐，我们从夏阳来到长安，已经很不错了。"

"我何尝不知知足不辱、知止不殆的道理呢？只是朝中发生了大事。"司马谈正色道。

司马迁听到父母的谈话，也不再背诵《孟子》，想知道到底发生了什么事。

"到底何事啊，夫君快说。"司马迁的母亲也着急起来。

"窦太后驾崩！"司马谈说完，又不住地叹息。

"啊？"司马迁和母亲几乎是异口同声地惊叫起来。

"天要变了。"司马谈渐趋平静，淡淡地说。

"父亲大人为何这么说？"司马迁不解地问。

"汉初崇尚黄老，今上颇喜儒术。窦太后驾崩，恐怕要黄老告退，儒术独尊了。"司马谈很不情愿地说出了这番话。

"那又如何？父亲大人不还是继续做太史令。"司马迁不以为然，甚至觉得父亲太多虑了。

"算了，不言此事，很多事情都是我等无法左右的。天道循环，顺其自然。对了，过几天送你到一位大儒那里去读书。你也该见识一下世面了。"

司马谈看着儿子，似乎从刚才的黯然中走了出来。

"父亲大人，快告诉我这位大儒的名讳。"司马迁迫不及待地说。

"这位先生可是博学多识，尤其精通《春秋公羊传》，乃著名经师董仲舒。"司马谈不紧不慢地说。

"谢过父亲大人！我一定会好好读书。"司马迁巴不得立刻到老师那里去请益。

"甚好，待挑选吉日前去拜谒。"司马谈说完就休息了。

过了几天，司马谈认为适合拜师的日子到来了，于是穿戴一新，要携儿子去董府拜师。司马迁自然无比渴望着这一刻的到来，他紧跟在父亲身后。父子二人走了片刻，便到了董府门前。二人被迎进去之后，左折右转，方来到主人会客的堂上。司马迁一边跟着父亲走，一边好奇地看着府中错落有致的亭台轩榭，感受着主人的清雅。

这时，堂前门口早已站着一位年过不惑的儒者，正笑吟吟地望着司马谈父子二人。司马谈看到，急忙上前施礼，并招呼司马迁拜见儒者。儒者急忙还礼，挽起司马迁，笑着说："你就是司马迁吧，令尊最近没少在我面前提起你。"司马迁垂手恭立，应答着。司马谈拉过儿子，说："这就是鼎鼎大名的鸿儒董先生。"司马迁再次向儒者行礼。

正衣冠，叩拜，最后献上给先生的束脩。司马迁行过拜师礼，司马谈与董先生约定好上课的时间，父子二人在董仲舒家稍坐片刻就告辞了。

司马谈反复叮咛："经师易得，人师难求，务必珍惜。"司马迁不住地点头。

三

听师讲经的读书生活开始了。

司马迁之前虽也听过老师讲授，但多为记诵识字之学，于经学微言大义，只是自己揣摩思索。当他在董先生门下苦读时，却发现读经是一件神圣的事情。

原来这位董仲舒先生，不仅严于律己，对诸生也督学甚严。司马迁从父亲口中得知，董先生以前读书刻苦，从不分心，尽管紧靠书斋有个花园，但三年不窥园。

司马谈拉过儿子，说："这就是鼎鼎大名的鸿儒董先生。"司马迁再次向儒者行礼。

司马迁有一次小心翼翼地向老师求证此事，问他何以能够如此。董仲舒回答两个字："强勉。"

司马迁还是不解。

董仲舒解释道："自强不息，勉力而行。"

司马迁为自己偶尔的放逸深感羞愧。

董仲舒教司马迁读《春秋》，要先把经文烂熟于胸，出口成诵，尔后才开讲经文的微言大义。背诵对于司马迁来说，不是一件难事，因为在夏阳老家时，祖父就曾训练过他的记诵功夫。所以，时日不多，司马迁就已能将《春秋》背诵下来了。

董仲舒每当听到琅琅的读书声，就会倒背着双手，踱着方步。

要开讲《春秋》大义了，董仲舒衣冠整洁，俨然端坐，眯起眼睛，娓娓道来："《春秋》一书，乃圣人孔子所作，载史二百四十二年，国君十二位。"

司马迁和几个同龄学伴认真听着。

"夫子为何要作《春秋》呢？"董仲舒继续说。

"为何啊？"大家很是不解。

"东周之时，王室衰微，礼崩乐坏。当时夫子在鲁国作司寇，辅佐鲁定公。"

"司寇是何官职?"有人问道。

"负责司法刑狱,事关百姓生活。"董先生慢条斯理地回答。

"请问先生,司法刑狱和作《春秋》又有何关系?"司马迁起立问老师。

"此问甚好!且听我言。"董仲舒说道。

"夫子任司寇时,社会清平,黎民和乐。夫子亦有信心将鲁国治理好。然鲁国若强,他国不安,故有嫉恨夫子者。且夫子同僚,亦多嫉妒夫子才学,于是设计陷害。"讲到这里,董仲舒的表情变得沉郁起来。

"孔子也遭人排挤啊!"大家都惊叹起来。

"夫子自知言无处达,志不得行,于是欲作书以明志,寄托天下为治之道。"讲到这里,董仲舒站了起来。

"欲作之书即是《春秋》吧?"司马迁仰起脸问老师。

董仲舒看着司马迁和其他诸生,郑重地说:"此书正是《春秋》。孔子用春秋笔法,简括各国大事,暗寓褒贬,既有正大之君臣,亦有奸邪之主仆，希望以此为万世立法，可谓用心良苦！"

董仲舒又进一步申明："夫子敢责无道天子，敢斥无礼诸侯，声讨大夫之犯上作乱。以诸人言行证明是非准则，彰显治国之道。"

别的孩子都似懂非懂，有些茫然。唯有司马迁在专注地听讲，不时还若有所思地点点头。

董仲舒授完课，诸生如出笼之鸟，飞出学塾，在董府花园里玩耍起来。

司马迁从董府回到家中，并未做其他事情，而是坐在书桌前沉思今天董先生所讲的话。他觉得孔子实在了不起，身处逆境而不忘作《春秋》，那得要多么强大的意志啊。他想起老家的祖父，想起祖父曾经给自己讲过的孔子的故事，言犹在耳。

"迁儿，今天在董先生那里学了什么？"父亲问。

司马迁听到父亲的问话，马上站起来回答道："父亲大人，先生今天讲《春秋》。"

"哦，那就对了。董先生的《春秋》学，在当代可谓魁首。"司马谈说，"一定要好好听讲，学到精髓，将来为世所用。"

司马迁点点头。

"孔子曾说:'我欲载之空言,不如见之于行事之深切著明也。'夫子认为,与其空论教条,不如用事实来说明道理,这样更易让人领会。这是孔子作《春秋》的一个原则,一切交给事实。某人好坏,空说无凭,须证之以事实。史官著史,要信而有征。"司马谈不失时机地教育着儿子。

第二天,司马迁按时去董先生家学习。

大家到齐之后,董仲舒接着讲《春秋》大义:"《春秋》大旨,在于一个义字。明乎此,则能明辨是非,行道治世,所以它是圣王之道。"

董仲舒坐着开讲,一手抚着竹简,一手捻着胡须。

"请问先生,何谓圣王之道?"司马迁问。

"圣王之道,乃夏商周三代开国君王之道,为后世帝王治国之准绳。《春秋》一书,上能明圣王之道,下能辨伦理纲常,能解除疑虑,坚定意志。它教人赞良善,斥丑恶,颂扬好人,谴责坏人。它还能兴亡国,继绝世,补敝起废。这些都是圣王之道的大问题。"讲起圣王之道,董仲舒滔滔不绝。

诸生有点头者,有微笑者,有若有所思者,有恍然大悟者。司马迁一边聆听，一边笔录。

"《春秋》数万字内容，载百世兴衰，蕴含道理以千万计。其所载大事，臣弑君三十六次，灭国五十二个，其他诸如诸侯出逃无法保全国家者，不胜枚举。身为诸侯，何以如此狼狈？一言以蔽之，皆因其失去为君之本的礼义。故此，《春秋》所以告人者无他，正义而已。"董仲舒又是一番高论。

司马迁注意到，董先生讲这些话的时候，颇有些激动，似乎身上肩负了一种神圣的使命。

"诸生试言，为君者可不读《春秋》乎？"董仲舒问。

"不可！"大家异口同声。

"是。国君若不习《春秋》，必受欺于身边奸佞之臣。那么，为臣者可不读《春秋》乎？"董仲舒补充道。

"不可！"诸生回答。

"甚好！为臣者不习《春秋》，则遇事无法持经达变。"董仲舒接着补充。

"为何会如此呢？"司马迁问。

董仲舒看着司马迁，耐心地进行解答："《春秋》乃礼义之大宗。为君为父者不懂《春秋》，则易蒙受倡恶之骂名；为臣为子者不懂《春秋》，则易有犯上作乱之罪名。他们初衷虽好，但不懂礼义，反成坏事。"

司马迁的心里，仿佛打开了一扇窗，顿时亮堂多了。孔子——《春秋》——礼义，这些词语在司马迁脑海中反复出现。他觉得董先生把他领进一个未知的世界。

可是，司马迁还是有很多疑问。在他的印象中，《春秋》记录了数不清的异常现象，孔子不厌其烦地记录这些内容，到底想告诉后人什么？这些自然现象和那些兴衰成败之事有何关系？

"先生，《春秋》记录异象颇多，究竟何意？"司马迁忍不住问道。

"兹事体大，乃属天人之际。当今圣上曾策问老朽，今将答天子之语，为尔解答。"董仲舒看起来对此问题早已深思熟虑。

"《春秋》记载往事成败，历历在目。观乎此，则可知天人之间相互感应。国家无道，则天降灾害以警告；若不知反省悔改，则天生怪异之象使人畏惧；若仍执迷不悟而妄行，则天使之败灭。"

"如此说来，古今成败，都是上天的作用吗？"司马迁不太相信老师的话。

董仲舒说："若非人君恶贯满盈，极端逆天，天不会亡其国。天降灾害怪异之事，也是为了督促人君更好地治国。如果国君修德正心，则朝廷百官正。百官正，则百姓自正；百姓正，则天下四方皆正，于是风调雨顺，五谷丰登，天下和泰。"

司马迁又问："按照先生的说法，国之兴亡在于国君是否修德正心、遵循天道。有德则天保之，无德则天灭之。果真如此吗？"

董仲舒肯定地说："天人之际，正是如此。"

司马迁没再继续向老师提出自己的疑问，但对老师的说法，他还是将信将疑。他曾听父亲讲过《道德经》中的一句话："天地不仁，以万物为刍狗。"天地自有运行的法则，焉能因人而异，人在天地之间，也许真的就像刍狗。但他对老师提出的修德正心，很是佩服。

跟董先生读书学习的日子安静、美好。司马迁听讲，用心思考，反复揣摩，那些早已烂熟于心的简洁古雅的《春秋》经文，在他心里变得愈发具体鲜活起来……

后来，司马谈还把司马迁送到孔安国那里学习古文《尚书》。这位孔先生只比司马迁大了十几岁，是孔子的第十世孙。司马迁认真地学完了古文《尚书》，对里面记载的三代之事、圣王之言，都能够出口成诵。

司马谈为了儿子司马迁的成长，可谓煞费苦心。在儿子每天诵读经典之余，他还帮助司马迁温习以前学过的《仓颉篇》等。他告诉司马迁，《仓颉篇》中的每一个字都必须会读、会写、会用。除了识字，司马谈还督促司马迁练习古文、奇字、篆书、隶书、缪篆、虫书等当时被称为六体的书法。司马谈这是在按照政府选拔官吏的标准培养儿子。他在儿子身上寄托了殷切的期望。

司马迁跟随董仲舒学习了三年《春秋》，才算完成了对这部经书的研读。

在学习的第二个年头，董仲舒建议汉武帝"罢黜百家，独尊儒术"。

司马迁没有向老师请教"独尊儒术"的目的和

意义，但他隐约觉得，董先生的儒术和他之前读的《论语》《孟子》有些不同。他觉得这个问题太复杂了，想得脑袋发胀也毫无结果，于是索性将它弃置不理。

读书久了也会厌烦。每当这个时候，司马迁就会被父亲派人送回夏阳老家陪祖父。一回到塬上，司马迁就要恢复了往日的活力，帮祖父耕牧，听祖父谈天说地。等到田间农事已毕，父亲又会准时派人把他接回长安。

司马迁每次从夏阳回到长安，就会感受到长安城中气息的不同：土功多了起来，祭典烦琐起来，皇城街道上的车马，连同乘车的人们，也都比以往更加富丽光鲜。司马迁想，可能真的如父亲所说，天要变了。

游 历

一

　　静美的时光总是过得很快，转眼之间，距离司马迁首次随父亲到长安，已经十年有余。十余年来，司马迁行走在长安和夏阳之间，时耕时读。他像海绵一样在海洋里贪婪地吸收知识。那些经书、子书中的知识沉积在他的血液里，使他踌躇满志，并让他对未来、对远方充满了期待。

　　"迁儿，你可知今日是何日？"母亲问道。

　　"母亲大人，今日非年非节，到底是何日啊？"正在练习书法的司马迁停下笔，抬头问母亲。

　　"整日读书习字，竟把生日忘了！"母亲装出嗔怒的样子。

司马迁急忙放下毛笔，站起身来，向母亲施礼致歉："儿不孝，竟忘记母亲大人生日。"

"不是为娘生日，是你生日。"母亲看着儿子发蒙的样子，不禁笑了起来。

司马迁这才明白过来，赶忙向母亲道谢："感谢母亲大人惦记儿的生日。"

"儿的生日，娘的难日。你能忘，为娘可忘不了。"母亲说完，就忙着去张罗了。

父亲从官署回来，一家人照例围坐在一起用餐，为司马迁庆祝二十岁生日。饭菜很丰盛，司马谈高兴，还特意弄了一壶酒，让司马迁与他对饮。司马迁不停地推辞："父亲大人，孩儿不会饮酒，您喝，我来斟酒。"

"迁儿，从今日始，你已是成年人了，可以适当小饮，快举杯！"司马谈今天似乎很想撺掇儿子喝酒。

司马迁拗不过父亲，先给父亲斟满酒杯，双手端起递给父亲，然后给自己斟了半杯。父子二人一起举杯，一饮而尽。司马迁饮完，咧嘴说道："难以下咽，不明白古人何以对此物那般贪恋。"父亲笑他不识人间美味。

餐后，父亲郑重地告诉司马迁："男子二十，礼当冠字。"

司马迁说："求父亲为儿酌取一字。"

司马谈说他要考虑一下，等到举行冠礼时就有答案。

到了择好的冠礼吉日，司马谈张罗着为司马迁举行了隆重的冠礼。在冠礼上，司马迁才被告知，他的字叫子长。

事后司马迁问父亲，子长是什么意思。司马谈笑着说："《论语》中有位贤人公冶长，他的字就叫子长。我仰慕此人，希望你能见贤思齐。"司马迁领会父亲的意思，感谢父亲对自己的关爱。

冠礼之后不久，司马谈告诉司马迁说，好男儿当读万卷书，行万里路，该出去看一看了。

司马迁早盼望这一天了。得到父亲应允，司马迁驾一辆马车，装上必需之物，带足盘缠，辞别父母，要去看一看外面的山河大地。

二

司马迁出了长安城，先是一路向东，直奔淮水流域。

司马迁知道，汉开国君臣，乃从此地走出，反秦的第一面大旗，也是从这里扛起。他要了解那里的风土人情，寻访乡绅故老，去发现秦汉英雄一些不为人知的逸闻趣事，甚至是那些英雄不愿意为人所知的秘闻。实地探访，辨析名实，绝不人云亦云，道听途说。他猜想，这是作为史官的父亲让他外出游历的真正目的。

马车行驶在乡间小路上，车轮随着路面的起伏颠簸着。虽然走得不快，但司马迁正好可以看一看不同于关中的景物。

不知不觉，马车就进入了大泽乡。

看到田间有几位正在除草耕作的乡民，司马迁一下子想起了自己在老家耕耘的场景。哪里的农民都一样啊，都是这么辛勤地劳作，只是这里的土地比老家夏阳的要平坦很多。司马迁停下了马车。

田间劳作的农人，看到一辆马车停在路边，都好奇地停下了手中的农活，抬头望着走下车的年轻人。司马迁急忙向他们打招呼，说明自己的来意。

农人中一位胡须花白的老者率先开了腔："后生，你算来对了。我们这里有许多故事。"

司马迁走到老人身边，拱手施礼，请求老者给自己讲一下。

"好吧！正好我们也该歇息了。走，我们到树下坐坐。"老者一边和司马迁说话，一边转身，朝其他农人挥手。其他农人便跟随着老者和司马迁来到了田埂边的几棵大树下，坐了下来。

"老丈，能否讲一下陈胜、吴广之事？"司马迁说。

"当然可以。他俩就是在我们这里反秦的。"老者一边说，一边搓着手上的泥土。

"陈胜、吴广都是和我们一样的庄稼人，他们也是天天在家干农活。"一位稍微年轻一点的农人告诉司马迁。

司马迁取出竹片和毛笔，做着记录。

"秦二世时，天下无道，经常抓壮丁做土功、守边塞。陈胜、吴广也被抓走了，官府强迫他们去

"老丈，能否讲一下陈胜、吴广之事？"司马迁说。

北方的密云县戍边。"花白胡须的老者接着年轻人的话继续说。

"官府让他们守边塞，可有俸饷？"司马迁问。

"咳！哪有什么俸饷啊，吃不饱，穿不暖，还要受长官责骂，哪里比得上在家种庄稼啊。在家虽然辛苦，但毕竟不挨打受骂，心里舒坦些。"老者说着陈胜、吴广的事情，就像说自己的事情一样，很是感慨。

"为国戍边，竟然还要挨打受骂，有悖仁道。"司马迁记录着，心里已有不平之意。

"他们一行来到我们这里，正好天下大雨。那雨下得大啊，几天几夜没停。你看我们这里，地势低洼，雨水又多，要不怎么叫大泽乡呢。"老人一边说，一边用手指着四周让司马迁看。

"陈胜、吴广本来要向北方进发，但连遇暴雨，道路难行，无法按时到达目的地。按照秦律，误期当斩。"说到这里，老者停了下来，脸上流露出悲戚之色。

"阿丈的祖上，就有因误期被斩的。"旁边一位农人说道。

司马迁急忙安慰老者，向老人道歉，说自己不该打听这些，以致勾起了老人的伤心事。

老者摆了摆手，继续说："也是注定要出事，这陈胜、吴广本来都魁梧健壮，可因冒雨赶路，得了风寒，就病倒了。病后的陈胜、吴广，烦躁不安，一想到误期要被斩首，就愈加狂躁。"

"然后他们就反了？"司马迁问。

"谋事不易啊，若事不成，不仅掉脑袋，还要灭九族啊。所以，他们要筹划一番。"老者说。

"如何筹划？"司马迁很好奇。

"鱼腹丹书和篝火狐鸣啊。他们事先从鱼嘴中放入鱼腹一根布条，上面用朱砂写上'陈胜王'。然后假装从集市上把鱼买回来，剖开鱼腹就发现了这根带字的布条，大家惊呆了。这就是鱼腹丹书。"

老人慢悠悠地讲着，一阵风吹过，树上掉下一片叶子，落在老人的腿上。其他农人也都和司马迁一样，静静地听着。

"篝火狐鸣又是怎么回事呢？"司马迁停下手中的笔，抬头问老者。

"人定之时，陈胜暗中让吴广到附近一个破庙里点起火把，并用笼子罩了起来。从远处看，火光斑驳，就像鬼火一样闪烁不定。然后陈胜模仿狐狸的叫声，捏着嗓子喊叫：'大楚兴，陈胜王。'这就是篝火狐鸣。"老人说到这里，笑了起来。

司马迁笑着记录着，其他人也都哄然大笑。

"大家把鱼腹丹书和篝火狐鸣联系起来，觉得陈胜就是真命天子。陈胜、吴广看到时机成熟，就号召大家一起反秦。他们说：'王侯将相，宁有种乎？那些王侯将相，也不是天生的贵命好种，壮士要轰轰烈烈地死。'这话以前大家哪里听过啊，听他们这么一说，大家都认为有道理，于是就推举他们为首领。起义的人一下子聚集了九百多人，戍边的人都反了。"老者说着，也激动起来。

"王侯将相，宁有种乎"，这等振聋发聩、石破天惊的话，竟然出自两位庄稼人之口，司马迁不禁对陈胜、吴广心怀敬意。他认可陈胜、吴广的话，人都是要死的，死就要青史留名。

"他们杀了县尉，紧接着有更多的人前来响应他们，人多得就像我们大泽乡水中密密麻麻的芦苇。不到三年时间，这秦二世的天下就亡了。"老者说完，笑了起来。

司马迁想起董先生讲的《春秋》大义，以之衡量秦二世，还挺有道理。

司马迁收拾好笔墨，向老者和其他农人表示感谢。

老者挽留司马迁。司马迁说还要赶路，就又一次谢过众人，策马前行。

三

一路上，司马迁耳边回荡着陈胜、吴广的话，眼前仿佛出现潮水一般的反秦黎庶，前仆后继，奋勇向前。得人心者得天下，这天下大势，谁又能阻挡得了呢?!司马迁这样想着，马车向东驶出了很远。一路上风餐露宿，十几日工夫，司马迁就来到了淮阴地界。

淮阴相比大泽乡，又是另一番景象。

一眼望去，不仅能看到千亩良田以及田间劳作的人们，还可以看到田间星罗棋布的池塘、湖泊，以及渠边路旁成行的桑树。这里是淮阴侯韩信的故乡。

司马迁对韩信的态度比较复杂，他知道韩信是一位擅长带兵的大英雄，作战英勇，战无不胜，为汉高祖刘邦统一天下立下了赫赫战功，以至于高祖曾说："连百万之众，战必胜，攻必取，吾不如韩信。"可是韩信的结局很悲惨。司马迁替韩信惋惜，他在心中假设韩信的结局，如果韩信能够学一点道家思想，功成身退，不自矜功伐，命运可能会好些。但历史没有假设。

对于这位鼎鼎大名的英雄，司马迁一定要去他的老家看一看，是凭吊，也是为自己的内心寻找一些安慰。

司马迁若有所思地赶着马车，看到前面有一个小村子，就进了村。

村里的人都是不慌不忙的模样，三三两两在一起聊天。司马迁停稳车子，来到几个村民面前拱手施礼，向他们打听有关韩信的事情。

这些人一听司马迁要打听韩信，一下子就围了上来，七嘴八舌地说："韩信母亲的墓，就在我们这里，据说葬在一片好地里。"

司马迁听他们这么说，满怀期待，急忙拿出记录的笔墨和竹简。

"韩信少时家里很穷，缺衣少食。"一位中年男子说。

"韩信有点懒惰，不务正业，一般的事情不屑于做，活该受贫。"一位稍微年长一点儿的男子插嘴道。

这时，一位老丈说："不过，我们这里民风淳厚，有位老妪看到钓鱼的韩信饿得难受，时常带餐给他。"

"这位老妪真是太善良了，想不到韩信少时竟如此艰苦。"司马迁感慨道。

"韩信能够果腹，对老妪甚是感激，向老妪承诺，若日后富贵，定当重谢。可是老妪听后非常生气，她告诉韩信，大丈夫不能养活自己，还夸什么海口，她只是怜悯韩信，并非贪图回报才这样做。"老丈又说。

司马迁连连夸赞老妪仁慈。

"后来韩信富贵了，信守诺言，返乡给了老妪很多钱。"第一个说话的中年男子补充道。

这些事情，如果不是听当地人讲，司马迁是无论如何不会知道的。

听村民说韩信母亲的墓就在附近，司马迁表示想去看一下。几个热心的后生带着司马迁，走了不大一会儿，就来到了一片宽敞的空地。

村民指着空地上的一个土包说："那个就是韩信母亲的墓。"

司马迁走了过去，站在坟墓前左右观望，发现这里地势高，面积大，足以住下万户人家。村人告诉司马迁，韩信母亲去世的时候，因为家贫，无法厚葬母亲，就自己选择了此地。司马迁把听到的、看到的都一一记了下来。

辞别村民，司马迁还沉浸在对韩信的遐想中。

接下来去哪里呢？司马迁想到了治水的圣人大禹。对，去会稽山看一下，那里不仅有大禹陵，还有大舜陵。

四

司马迁不知走了多少天，一日竟来到了长江岸边。找个地方简单用过餐，司马迁将马车放在一户人家，然后乘船过了江。

过江后，骑马前行，司马迁远远望见一座巍峨的大城。司马迁一打听，原来是战国四大公子之一春申君的封邑。但见宫室林立，楼台高耸，往日的繁盛，依稀可见。司马迁走进宫室，转了一圈，不住地赞叹："太壮观了！"想象着当年春申君豢养门客，如何威仪照人地出入于此城，犹如回到了战国时期。

探访完春申君的故城，司马迁轻松无比。比起前一段时间的奔波游历，这次探访对司马迁来说，更像是一场文化盛宴。

司马迁来到江边，渡江来到寄放马车的人家，付了酬金。司马迁又赶着马车，向南边的会稽山驶去。

大禹在这里大会诸侯，计功封爵，因此得名"会稽"。

司马迁来到会稽山下，只见山清水秀，草木翁郁，山间云蒸霞蔚，鸟语花香。在当地人的帮助下，司马迁找到了禹穴。在山洞里，司马迁想象着当年大禹为了治水住在洞中的情形。出了大禹洞，司马迁又拜谒了禹王庙。

大禹的事迹，对司马迁来说太遥远了。他实在无法把看到的遗迹和传说中的大禹联系起来。

他在会稽还听到很多越王勾践的事情，比如卧薪尝胆的故事。

好不容易来一次，司马迁又来到会稽山北边的太湖。这里曾是吴国的故地，他不禁想起吴越争霸的故事。

离开了会稽山，司马迁沿长江逆流而上，来到了九嶷山。

在九嶷山，司马迁访查了大舜陵。舜也是传说中的一位圣王，比大禹还要久远。

司马迁看完舜陵后，就从湘江顺流北上来到了长沙。长沙的北边，是楚国三闾大夫屈原投江的地方。司马迁诵读过很多屈原的作品——《离骚》《九歌》《橘颂》等。对这位伟大的爱国诗人，司马迁仰慕他的文采，钦佩他的忠贞。这次从长安出来游历，汨罗是他重要的考察地之一。

司马迁伫立在汨罗江边，看着静静流淌的江水，吟诵着屈原的诗句："长太息以掩涕兮，哀民生之多艰。""欲少留此灵琐兮，日忽忽其将暮。吾令羲和弭节兮，望崦嵫而勿迫。路曼曼其修远兮，吾将上下而求索。"

正吟诵间，走来一位渔人。他好奇地打量着司马迁，渔人问："先生这是要凭吊屈大夫吗？"

司马迁从诗文的意境中回过神，连忙应答："我从北方来，敬仰三闾大夫，特地来此看看。"

司马迁从渔人那里听到了屈原的故事：屈原有才气，也很忠君爱国。当时的楚国经常受到秦国的欺负。屈原主张与秦国斗争到底，但是楚国的一些贵族大臣却贪图秦国的贿赂，在楚王面前诋毁、排挤屈原。楚王因此不再信任屈原。屈原被逼无奈，只得到处流浪。后来秦国攻破了楚国的首都，屈原报国无门，来到汨罗江畔，披发行吟，投江自尽。

小时候司马迁听祖父讲孔子的故事，十岁后听董先生讲《春秋》。孔子飘荡多年，终不得志。

司马迁打定主意，赶着马车往曲阜方向驶去。去曲阜的人很多，天子表彰儒学，孔子的影响越来越大，自然不乏去孔子故里参拜的人。

司马迁到了曲阜城，他看见进出城门的人礼让有序，一派清明盛世的景象。

进了曲阜城，司马迁参观了孔子庙、孔子故宅以及和孔子相关的车服礼器等。孔子的门徒展示了儒家礼仪文化。司马迁沉浸在神圣肃穆、崇高庄严的氛围中。听着清脆的读书声，司马迁在孔子庙久久徘徊，不忍离去。他心里赞叹，孔子作为一介布衣，影响所及，竟然超过十几代人，天下儒生莫不以他为宗师，真是至圣啊！

为了"观孔子之遗风"，司马迁在曲阜停留了三日。

既到鲁国旧都，又怎能错过毗邻的齐国。于是司马迁便从曲阜驱车去了东南不远处的薛地。

薛地原是战国时期孟尝君的封地。孟尝君、春申君、信陵君以及平原君，有战国四大公子之誉，均以养士著称。其中，最喜欢养门客的就是孟尝君，他广招天下奇士豪杰，连鸡鸣狗盗之辈也都网罗于家，以备不时之需。

一进入齐国故地，司马迁就发现其风土人情与曲阜明显不同。

到了薛地，司马迁直奔孟尝君的故城遗址。观看遗址之际，突然来了三五个彪形大汉，将司马迁团团围住。

司马迁稳住气息，问道："诸位为何如此？"

来者中为首的一人，嘿嘿冷笑道："借点钱用。"

司马迁心里咯噔一声，暗道不好，没想到光天化日，竟遇到打劫的了。

司马迁正盘算着如何花钱消灾，身后巷子里走出一位鹤发童颜的老者。老者冲着那些人喝了一声："休得无礼，免得惊吓远方来客。"

为首者一见到老者，倒也识趣，说了句"阿丈见谅"，带人走了。

司马迁虚惊一场，赶忙向老者道谢。老者问司马迁从何处来，司马迁说从长安来。老者说："原来是天子脚下的贵客。"

司马迁请教老人，为何此地与鲁国毗邻，但鲁人彬彬有礼，这里却民风彪悍。

老人一听，哈哈大笑，说："这要问孟尝君啊！"

原来，孟尝君喜欢养士，招来一些任侠奸人，人数多达六万多户，这些人在薛地安家，影响了薛地民风。

五

彭城乃项羽旧都，其东边为项羽老家下相，其北边是高祖刘邦和萧何、曹参、周勃等开国功臣的老家沛县，其东北边则是著名谋士留侯张良遇见黄石公的下邳。彭城作为楚汉战争的重要战场之一，承载了太多的历史风物。

司马迁想去彭城，了解一下英雄背后的故事，以弥补此前来淮河流域时间匆忙的遗憾。

赶到彭城时，由于长途跋涉，再加上天气突然变冷，司马迁一下子病倒了。他躺在旅舍的床铺上，满脸通红，浑身发烫，不住地咳嗽，呼吸也变得有点急促。

旅馆的主人吓坏了。掌柜一边安排人看护司马迁的马，一边派人去找医生，唯恐司马迁有个三长两短。

医生来了之后，看了看司马迁的脸色，又让司马迁伸出舌头看舌苔，然后把三根手指搭在司马迁的手腕上进行诊脉。

掌柜见状，急忙问道："请问这位客人病情如何？"

医生说："病得不轻啊，一定是过于劳累，偶感风寒，又夹杂伤食，已有变症。"

正说话间，司马迁从床上俯身到床边，呕吐起来。

医生急忙开处方，一会儿工夫，处方就写好。

医生将药煎好，见司马迁喝下，这才离开。掌柜付了诊金，送走医生。

晡时稍过，司马迁出了一身汗，感觉舒服很多。掌柜摸了一下他的额头，已经不像方才那样烫。

司马迁在旅舍将息数日，渐渐有了食欲，身子也慢慢恢复了，感觉像从鬼门关走了一趟。掌柜见司马迁病已痊愈，悬着的心才落了下来。

第二天朝食后，司马迁付清住宿、治病的费

用，然后向掌柜深施一礼，就往彭城一带去了。

在彭城，他打听到项羽的英雄事迹；在沛县，他得知樊哙本是屠狗之辈，萧何和曹参原来也只是秦朝政府的普通狱吏，周勃仅仅是个办理丧事时的吹鼓手。司马迁对他们的际遇无限感慨，当卑贱之时，谁又能料到他们日后的显赫！

读万卷书不如行万里路，两年多的游历让他对世相人生有更多的感悟。

从彭城向西，司马迁走在回长安的路上。归途路过开封，这里曾是魏都大梁。在大梁，司马迁看了战国四大公子之一的信陵君迎接门客侯嬴的所在地夷门，了解到当年秦攻大梁，水淹大梁城三个月，导致城墙溃塌才迫使魏王投降的。

西出大梁城，司马迁路过崇高县，他登上太室山附近的箕山，寻访了唐尧时期的大隐士许由的墓冢。之后一路向西，司马迁风雨兼程，长安遥遥在望了。

入 仕

一

司马迁终于回到了长安。

父亲和母亲见到日思夜想的儿子，自然是欢喜不已。

久别初还，司马迁忙着要向父亲汇报在外面的见闻。司马谈发现儿子比以前沉稳了很多，见识也今非昔比，心里无比欣慰。

司马迁回到长安已有月余，这天正在整理游历见闻，突然接到朝廷通知，要他参加测试。为五经博士设置弟子员，是丞相公孙弘向汉武帝提出的建议，目的是为国家延揽人才。司马迁是以董仲舒弟子的身份参加测试的，由于成绩优异，被朝廷任命为郎中。

这一年，司马迁二十三岁。

司马谈对于儿子正式成为朝廷官员，非常开心。虽然郎中是最低级的郎官，但许多贵族子弟都是将郎中作为进身之阶。司马谈作为一个六百石俸禄的太史令，其实并没有资格选送儿子为郎中，这要多亏董先生的举荐。

司马谈问儿子："你可知道郎中职责？"

司马迁回答："有司虽对孩儿已有交代，还请父亲大人教我。"

司马谈笑着说："郎中虽是小官，可是无比荣耀，因其可以'亲近天子'。无事，郎中便看守宫门为侍卫；天子出行，则追随天子为侍从。虽然俸禄只有三百石，但为朝廷效力，不可仅仅盯着禄利。"

司马迁的终身大事被父母牵挂。父亲托人为他寻下一门亲事，女方虽非出身仕宦，倒也生得模样周正，为人贤淑。司马迁有娇妻陪伴，又经常出入皇帝身边，其眼角眉梢都迸发出昂扬的英气。

司马迁对自己的仕途充满了信心。他好奇皇帝一天是怎样生活的，他也渴望侍从皇帝巡游各地，看看那些自己没去过的地方。

机会很快就来了。

元狩二年（前121）冬十月，天子要去雍地祭祀五帝，司马迁作为郎官随侍天子。在盛大的祭祀活动中，司马迁冷眼旁观，皇家祭祀的排场令人震撼。从汉武帝毕恭毕敬的礼拜中，司马迁发现了端倪，他眼前这位不可一世的帝王，希望通过祭祀长生不老。

在众多皇家祭祀中，给司马迁留下深刻印象的有两次祭祀。

一次是元鼎四年（前113）。汉武帝到雍地祭祀五帝之后，一路折向东北。此次随皇帝出行者还有父亲司马谈。这次皇帝不仅要祭祀五帝，还要去祭祀后土。这些祭祀的礼仪都需要司马谈和祠官宽舒共同制订。

祭祀的队伍浩浩荡荡，宛如游龙一般，行进在前往汾阴的路上。途中经过夏阳，但父子二人要务在身，只能与故乡擦肩而过。

元狩二年（前121）冬十月，天子要去雍地祭祀五帝，司马迁作为郎官，随帝侍从。

从夏阳到了河东，发生了一件令司马迁唏嘘不已的事情。河东郡太守因没料到皇帝会到河东，来不及准备接待物品，在恐惧中自杀了。司马迁无比震惊，突然觉得入仕也是一件危险的事情。

汉武帝到了汾阴，听从司马谈和宽舒的建议，立了后土祠。祭祀完后土，一队人马随汉武帝南渡黄河，取道荥阳，从荥阳西行到了洛阳。在洛阳，司马迁父子二人陪着皇帝看了东周王室故地。

另一次是元鼎五年（前112）。这年冬天，汉武帝仍像往常一样去雍地祭祀了五帝，本要返回长安，可他突然心血来潮，想去甘肃的崆峒山祭拜黄帝。

司马迁和父亲等一行人只得随皇帝西过陇坂。结果，同样的悲剧再次发生。陇西郡太守像河东郡太守一样，因未来得及为皇帝准备供应之物，在抑郁中自杀。

汉武帝不理会这些，执意要去崆峒山。

司马迁随汉武帝登上崆峒山，寻访黄帝遗迹进行祭拜。趁此机会，司马迁向当地百姓打听到一些有关黄帝的传说。

从崆峒山回来，汉武帝又要去甘泉山。方士们都说甘泉山是黄帝跟神仙相见的地方，梦想成仙的汉武帝又哪能错过呢？司马迁和父亲作为侍从陪伴在天子身边。

在甘泉山，汉武帝命人祭祀，场面宏大，但荒诞怪异。

司马迁发现，皇帝每次外出祭祀都耗费颇多，所到之处，百姓官吏倾其所有。尽管劳民伤财，但皇帝喜欢。司马迁位卑言轻，他又能做什么呢？

司马迁想起了几年前郁郁而终的司马相如。他和自己一样身为郎官，文采过人，工于辞赋，是天子赏识之人。司马相如和自己一样，也曾为皇帝的挥霍而忧心。司马相如为劝谏而写的那几篇文辞华美之赋又有什么效果呢？

司马迁暗中观察天子，而司马谈却在暗中观察儿子。他几次与司马迁侍从皇帝巡游，发现儿子均能恪尽职守，对他也就逐渐放心了。

二

一入公门不自由。自入仕以来，司马迁不是外出侍从天子，就是在宫中做侍卫，他觉得对妻儿照顾不周。刚从甘泉山回来不久，天子派司马迁代表朝廷去西南巡视。

西南一带，对司马迁来说，充满了神秘感。几年前他外出游历，行踪主要集中在中原和东南。西北一带的风物，也是之前侍从皇帝巡游时才得以观览的。司马迁对西南诸地的印象一直停留在唐蒙、司马相如等人的描述中。

汉武帝此次委派司马迁出使西南是有深意的。汉武帝派人攻破南越，大汉朝威震西南，夜郎、且兰、邛、筰等地纷纷归顺，于是西汉政府在西南设立牂牁、越嶲、沈犁、汶山和武都五郡。汉武帝派司马迁出使西南，就是要他代表朝廷视察、慰问五郡，暗中刺探五郡的动静，并借此考察司马迁的政治才能。

对于前者，司马迁心中有数；对于后者，他却不曾想到。持节领命之后，司马迁辞别父母、妻子，向西南五郡进发。

司马迁出长安，至陈仓，经汉中，越巴山，直奔巴蜀。一路上奇山秀水，风光与长安地区越来越不同。

司马迁所到之处，当地官员对他礼遇有加。作为朝廷的使臣，他代表天子陈述四海一统，天下一家的政治理念，并带来朝廷的恩泽。当地官吏，对这位儒雅的中央官员颇为敬重，纷纷在司马迁面前表露忠心。

司马迁对新设五郡放心了。穿行在西南的山山水水，脚踩着大汉朝遥远的土地，司马迁内心洋溢着难以名状的自豪。

相较于以往的巡游，司马迁更喜欢这种独自行走的感觉。更何况西南的一切都迥异于中原。在越嶲郡，有当地山民送给他邛竹杖；在汶山郡，寨子里的长者让他品尝枸杞酱。司马迁还欣赏了热烈奔放的舞蹈，领略了无比神奇的地貌，他发现自己喜欢上了这片红色的土地。

通过与地方长者的交谈，司马迁发现，这里的百姓尽管衣食之俗不同于中原，但都是黄帝的裔孙。"同根异枝，一源多流啊！"司马迁感慨道。

就在司马迁流连忘返的时候，他人生中的一件大事正悄然向他逼近。

受 命

元封元年（前110），冬十月。塞外朔方，寒风凛冽。

西汉帝国的最高统治者汉武帝刘彻此时正亲率十八万骑兵，浩浩荡荡地越过长城，向匈奴炫耀国力、军威。匈奴见汉军旌旗蔽日，绵延千里，势如游龙，哪里还有挑战的勇气。于是乎只能做退守安顺之状，一任汉武帝耀武扬威，招摇而去。

此时的司马迁，从西南边疆返回，正风尘仆仆地飞驰在准备面圣的路上。

这是前一年的事情。三十四岁的司马迁，身为皇帝郎官，凭借自己的能力和忠心报国的品德，逐渐取得了汉武帝的信任。西汉帝国，在汉武帝及群臣的治理下，蒸蒸日上，几乎达到了发展的顶峰。以前不肯臣服的边疆诸部也开始示好，愿意投入大汉帝国的怀抱。汉武帝当然开心。于是汉武帝安排司马迁出使巴蜀以南，要代表他和西汉政府，去考察那里少数民族的民风民情，做好政府的安抚工作。

司马迁在西南的工作是繁重而充实的。他接近当地官吏，体察百姓生活。司马迁觉得这片以前距离长安无限遥远的陌生土地，在自己心中越来越真实，越来越亲切。他几乎喜欢上了这片土地。在工作闲暇，他骑了牦牛，看了丹砂矿，也走访了辞赋高手司马相如的老家，探听了才女卓文君的逸闻……

司马迁必须要走了。仔细算来，离开皇帝已经一年有余了。他必须在封禅泰山之前赶到皇帝那里去。司马迁牵挂自己年迈体弱的父亲。

在路上，司马迁听说汉武帝在朔方显示了军威之后，又东巡海上，然后又一路向西来到洛阳。在洛阳稍做休息后，汉武帝祭祀了中岳太室山。如此漫长的行程，父亲司马谈能否挺得住，并等他回来呢。眼看着距离中原越来越近了，司马迁的心激动起来，眼睛湿润了。再一次呼吸到熟悉的空气，司马迁看着这河山故物，所有的鞍马劳顿一时都烟消云散了。

司马迁没有直接去见皇帝，而是赶往洛阳，看望了自己朝思暮想、百般牵挂的老父亲。当他站在父亲面前时，一下子怔住了，眼前的父亲，已经病入膏肓，犹如风中之烛，喘息在卧榻之上。

"父亲！"司马迁一下子扑到父亲床前，抓住父亲的手，泪流满面。

"这到底是怎么回事？"司马迁不解地问，"孩儿临行之前，父亲大人不是还好好的吗？"

"迁儿，你总算回来了。再迟几天，我们父子可能要阴阳两隔了。"司马谈费力地说着。

"父亲到底是怎么了？"司马迁看到父亲费力的样子，失声痛哭。

"今上要封禅泰山，这是天大的事情。只有行完封禅之礼，上天才能认可天子的地位。算起来，也只有暴秦的始皇帝才有如此荣耀。但是，秦朝的封禅是有问题的，所以并不圆满。"司马谈说起这些的时候，眼中闪烁着一道光。尽管他的身体已经极其虚弱，但看得出他对封禅很有研究。

"孩儿知道今上要封禅泰山，所以才着急赶回来复命。"司马迁说。

"我身为太史令，岂可错过国家大典呢。我应该参与此事，还要把它记载下来，这是我的职责！"司马谈的声音尽管很低弱，但这几句话却说得斩钉截铁。

司马迁点点头，他看着父亲。

"可是今上身边的那些人别有用心，他们也并不清楚该如何进行封禅，都是为了满足私欲给今上出馊主意。今上竟然看不穿他们的把戏。我提了一些建议，竟然被呵斥一通，差一点还被定为诬上的罪名。"司马谈说。

司马迁知道，随着国力的强盛以及边防问题的解决，汉武帝的自我感觉越来越好。汉武帝有些飘飘然了，几欲比肩上古尧舜。汉武帝已经不再满足于世俗的享乐，愈发想做神仙了。在西南巴蜀的时候，司马迁曾去司马相如的老家探访。他想起司马相如写的《大人赋》就是一篇劝谏汉武帝不要痴迷神仙的杰作。可是，明明知道求仙是虚妄之想，谁又敢逆龙鳞而直言呢？司马迁在为父亲感到自豪的同时，也深深为父亲捏了一把汗。

"今上以我年迈体衰为借口，借体贴爱惜之名，让我留在洛阳休养身体。我完全可以随圣驾到泰山封禅，但圣命难违，我只能从命。身为太史令，千载难逢的封禅大典却不能参与，这难道是我的宿命?！"司马谈越说越气愤。

"请父亲放宽心。老子不是说过'名与身孰亲'吗？身体重要，来日方长。"司马迁安慰着父亲。

"不能跟随今上到泰山封禅，这分明是排挤为父，这样活着，有何意义！我很气愤，一下子就病倒了。说是让我在洛阳休养，老天这是要我在洛阳灭亡啊！"司马谈的气息越来越弱。

司马迁把父亲的手抓得更紧了。泪水早就模糊了他的双眼，父亲的脸在他眼中模糊起来。

"我们是重黎氏之后，世代做史官。我死以

后，按照大汉法律，你很有希望会接替我担任太史令。你若为太史令，千万不要忘记我的愿望——我一直想接续祖业，写一部史书。"

司马迁不住地点头。

"做子女的，要讲究孝道。除了侍奉父母，还要让自己能够立身于世，扬名天下，使自己的父母感到荣耀。你是个孝子，知道自己该怎么做。"

父亲说的这些，他以前不是没有想过，但今天却感觉非同寻常。他觉得自己的使命一下子神圣起来。

"周朝从后稷奠基到幽王、厉王时期的礼崩乐坏，典章制度与世道人心的变化，不可谓不大。孔子编订《诗》《书》，作《春秋》，至今为学者称道。孔子不在已经四百多年了。"司马谈很疲惫，他停顿了一会儿，"如今国家强盛，海内一统，有明主，有贤君，有忠臣，有义士。我作为太史令，却未曾把这些人物载入史册，实在是失职之极！我怕因我的失职，而使天下的史统中断。可是，我现在却无法弥补了。"司马谈的眼泪流了下来，眼睛紧盯着司马迁，眼神中有绝望，也有希望。

父亲对司马迁说："千万不要忘记我的愿望——我一直想接续祖业，写一部史书。"

司马迁睁大眼睛，深情地望着父亲。

"迁儿，我不行了。你一定要记住我今天的话，千万要记住！——效法孔子，著史书，你要完成我的使命。"

司马迁放声大哭，俯着身子说："孩儿虽然愚笨，但一定会将父亲大人搜集的文献全部整理出来，认真研读，写一部史书。"

司马谈看着儿子，慢慢闭上了眼睛。司马迁安葬了父亲，并把父亲去世的事情上报了朝廷。

短暂调整之后，司马迁又出发了。他要去汉武帝那里复命，汇报西南之行的情况。同时，作为郎中，他需要回到汉武帝的身边随侍。这样，他也可以替父亲看一下封禅泰山的大典，以告慰父亲的在天之灵。

这一年，司马迁三十六岁。他永远失去了爱他的父亲。

著 书

一

司马迁怀着无比悲痛的心情，骑着马赶往泰山。

汉武帝本来是要封禅泰山，可是听方士说在海上能遇到神仙，就鬼迷心窍地把封禅之事暂放一边。他觉得与其封禅泰山感化神仙降临，不如在海上寻找神仙。于是，汉武帝派了好几千人去海上寻求蓬莱仙人，他自己也在海边到处祭祀，幻想能和神仙偶遇。时间一直拖到四月份，汉武帝和大臣们才商量如何封禅。这正好给司马迁留够了时间。当司马迁赶到皇帝身边时，封禅大礼还没有进行。

汉武帝听取了司马迁的汇报，对司马迁西南之行非常满意，愈发赏识这位日渐成熟的郎官。司马迁强忍悲伤，参加封禅典礼。

　　汉武帝的运气，比秦始皇要好很多。当年秦始皇封禅，遭遇暴雨，而武帝封禅这一天，晴朗无风。

　　汉武帝先是在泰山南边的梁父山上举行了禅礼，然后又在泰山东麓祭祀太一，举行了封礼。之后，汉武帝又和霍去病的儿子霍嬗到泰山顶上举行了第二次封礼。从泰山下来，他们又在泰山东北的小山上举行了第二次禅礼。礼毕，汉武帝端坐明堂，接受文武群臣的祝贺。一切看上去都是那么顺利。汉武帝很开心，他一时兴起，又要到东边的海上去寻访仙人。汉武帝觉得，封禅之礼也完成了，神仙总该垂青自己了吧。可是，突然有人来报，霍嬗暴病而亡。汉武帝觉得扫兴，就沿着海边北上。

　　司马迁随侍天子沿海北上，一直到达碣石山。武帝登上碣石山，很遗憾没遇到神仙，就转到辽西、九原。一直到五月份，汉武帝一行转了一大圈儿，最后到了甘泉山，由甘泉回到长安。

　　司马迁跟着天子，饱览了长城内外的风光。回到长安，司马迁才得知汉武帝此次出行耗费丝帛一百多万匹，花掉金钱数以万计。司马迁感叹于国家的强盛，但对汉武帝的挥霍，他觉得不妥。

二

父亲去世后，司马迁和母亲、妻儿相依为命。尽管日子依然安稳，在朝廷也比较顺心，但再无人与他一起讨论天下大事，再无人为他解惑。

按照礼制，司马迁要为父亲守丧三年。三年之中，不饮酒，不大笑，不娱乐。

父亲不在一年多了，司马迁还沉浸在丧父之痛中。家事如此，国事亦非一片和乐。之前黄河决口，汉武帝总是委派官员前去治理，这次为了昭示自己仁爱子民，他要亲自治河了。

经常决口泛滥的河段，距离东郡治所不远，人称瓠（hù）子口。汉武帝之前曾派汲黯和郑当时发动十万人堵塞决口，但堵塞的地方还是经常被冲开。丞相田蚡竟然胡说八道，上奏武帝说黄河决口是天意，不能人为堵上，否则天人不能相应。汉武帝听信了田蚡的话，就停止了治河。二十多年来，当地百姓饱受黄河肆虐之苦，有的年景甚至颗粒无收。

司马迁没见过田蚡，但对他所谓天人相应之类的话却有耳闻。司马迁之前听董仲舒讲过天人感应，对此他心存疑惑。对任由河水泛滥的行为，司马迁非常不满。得知汉武帝要去瓠子口治河，司马迁觉得汉武帝可能认识到了以前的错误。

其实，汉武帝要治理瓠子口河段，只是因为前往泰山封禅，路过瓠子口，看到泛滥的河水，觉得与大汉盛世不甚相符。于是在封禅之后，汉武帝要亲赴瓠子口指挥治水。

汉武帝来到治河工地，先将白马和玉璧沉入河中祭祀河神，之后命文武百官都去田野和附近村庄背柴草以堵塞决口。司马迁和侍从官员以及当地民吏见皇帝亲自治河，都争先恐后地忙碌起来。

文武百官等运柴草，打立桩，塞柴草，填土石。决口越来越小，眼看就要合拢了，可柴草却不够用了。正是春天时节，当地百姓要用柴草生火做饭，堵河的柴草越来越难找。

汉武帝担心功亏一篑，乃作歌曰：

瓠子决兮将奈何？浩浩洋洋，虑殚为河……隤林竹兮楗石菑，宣防塞兮万福来。

治河结束以后，汉武帝在新的河堤上建造了一个宫，取名"宣房宫"。司马迁觉得皇帝尽管痴迷神仙，但心系天下，国家充满了蓬勃的朝气。看到被河水冲毁的农田和村庄，司马迁想，一定要在父亲欲修的史书中写一篇文章，记录天下的河流沟渠，以兴水利。

元封三年（前108），由于司马迁表现突出，汉武帝下令，任命司马迁为太史令。

司马迁担任太史令后，由于受到失去丈夫的打击，司马迁的母亲去世了。

身为太史令，司马迁要像父亲一样追随天子筹备祭祀典礼。元封四年（前107）、元封六年（前105）冬天，他随天子北巡；元封五年（前106）冬天，他随天子南巡。汉武帝祭祀天地山川的活动越来越频繁。司马迁发现，汉武帝陷入迷恋神仙的泥淖，几乎无法自拔。

担任太史令的第五年，司马迁做了一件大事。他和太中大夫公孙卿、壶遂等人联名上书皇帝，指出现行秦代历法的谬误，建议改历。汉武帝觉得修历是关乎朝廷天命的大事，就召集大臣们商议。大臣们一致赞同改正朔，易服色。汉武帝自然高兴，他认为一旦完成此事，在大汉朝历史上会留下浓重的一笔。

司马迁和公孙卿、壶遂、邓平、侍郎尊、落下闳、唐都等人经过反复研究，商定恢复夏历系统，以夏历的正月为岁首，服色尚黄。

这一年，被称为太初元年（前104）。修历之后，百姓在农业生产、生活中就更加方便了。

三

改历之后的西汉帝国，开始了新的纪元。司马迁参与了修订历法，这种通过观测天文来修改历法以指导人事的活动，在他看来就是"究天人之际"。天道和人之间到底是什么关系，一直是司马

司马迁开始梳理父亲留下的资料和手稿，并查阅国
家收藏的大量文献资料。

迁自读《春秋》以来思索的问题。不管天道如何运行，司马迁决定要先把父亲所说的明主贤君、忠臣义士记录下来。

父亲的遗命在司马迁的耳畔响起。父亲说，五百年出一位圣人。周公死后五百年出了孔子，孔子死后至今也将近五百年了。该有一位孔子的继承者，祖述《春秋》，修一部堪称后世典范的史书。

董仲舒先生讲《春秋》的情景又一幕幕浮现在脑海中，司马迁激动不已。对，该动笔了，大汉王朝已迈向新纪元，这部纪传体著作也应墨染新简。

为完成父亲的遗命，司马迁开始梳理父亲留下的资料和手稿，并借助太史令职务之便，查阅国家收藏的大量文献资料。司马迁大量查阅国家藏书的行为引起了一个人的注意。

壶遂此前为中大夫，现在是光禄大夫，精通历律，俸禄千石，职位颇高。在发现司马迁私查国家图书后，壶遂并未声张，而是谨慎地试探司马迁。

壶遂问司马迁："阁下近来频繁出入石室兰台，所为何事？"

司马迁了解壶遂的为人，就坦率地告诉他说：

"先父遗愿，欲修史志。小子不才，亦愿接续《春秋》，代父著述。"

司马迁说这些话的时候，尽管表现得很得体，但那种雄视百代的自信是无法掩饰的。

壶遂看着司马迁，冷冷地说："孔子当时不遇明君，到处碰壁，所以才作《春秋》。阁下却不同，身有官职。且如今明君在位，天下太平，百姓各得其所，足证今上治国有道。阁下却要接续《春秋》，是何用心？"

壶遂的话不无道理。如果强调所写的史书与《春秋》具有相同的意义，言外之意是暗讽当下是乱世，皇帝是昏君。

司马迁想到这里，急忙向壶遂解释："听先父说，伏羲氏时，天下太平，然伏羲尚作《易经》八卦；尧舜之时，百姓和乐，但《尚书》载其德行；商汤和文武王之功业，亦为《诗经》赞颂；孔子作《春秋》，并非仅为刺世，尚且崇三代之德，表彰姬周。今幸遇明君盛世，若不将明君之德及功臣、世家、贤士大夫行事载入史册，则有负先父教诲，于我则为失职。我只是想将已发生之事记录下来。"

壶遂没再说什么，只是建议司马迁落笔需慎重。

要动笔的时候，司马迁陷入了沉思。载录以往之事，书写卓异之人，难道仅仅就为了存史？人与事背后有没有一种道存在？阅读古代典籍，验之周围人事，司马迁觉得，这背后一定有某种微妙的联系。最终，司马迁确定了著述的宗旨："究天人之际，通古今之变，成一家之言。"他要通过几千年的历史演变，探究自然和人类社会的关系，考察历史演进的规律，形成自己的人生和历史哲学。这个宗旨不可谓不宏大，但他觉得，自己应该为此努力。

宗旨确定了，可是该如何写呢？司马迁熟悉的《春秋》，是逐年记录的编年体。他要写的可是几千年的过往之事，还有那么多非同寻常的人物，而且并非所有的事件都适合逐年而记。再说，事还不是人做的吗？这样反复思量，司马迁决定以人物为中心来撰写。

几千年的历史长河，大浪淘沙，留下的卓异之士，如群星闪烁，不可胜数。难道这些历史人物仅仅按照先后顺序写出来吗？这些人物之间有没有区别，是否有关联？司马迁左思右想，决定用本纪、世家和列传将这些人物囊括其中：本纪记载帝王或拥有类似帝王权力者之行迹。世家主要记载诸侯王以及历史上一些著名人物的事迹。列传记载本纪、世家不便收录的各阶层的突出人物。影响大、事功大者，单独成篇；相类似、有关联者，几人整体作合传；一类人者，综合为一篇类传。

司马迁根据掌握的文献资料，罗列了要写之人，按照以上分类，大致做了规划：天有十二次，时有十二月，立本纪为十二篇；三十辐共一毂，犹如股肱之臣辅助帝王，且三十年为一世，三十亦一月之日数，立世家三十篇；卓异之士灿若繁星，七十为数之多者，合于列传之意，故立列传七十篇。

当一切就绪之后，从哪里写起这一问题又令司马迁伤透了脑筋。若从盘古开天辟地写起，可洪荒之事，传说不一，若载入史册，则有违史家实录原则。司马迁想起自己年轻游历时，曾有意向各地德高望重的老人请教黄帝以前之事，可那些有学问的老人也说不清楚。司马迁觉得，与其记载那些荒诞不经的传说，不如截断众流，直接从轩辕黄帝写起。

司马迁征求孩子们的意见。

长子司马临说："史乘所载，愈久远愈好。"

次子司马观说："史以信为贵，不若以黄帝始。"

司马迁赞同次子的观点。他相信，选择从黄帝写起一定会有人反对，但更多通达之人会赞同他。司马迁默念着："知我者黄帝，罪我者黄帝。"于是挥毫写下："黄帝者，少典之子，姓公孙，名曰轩辕……"

写前朝史易，写当朝史难。秦朝末年，诸侯蜂起，勠力反秦，几年之间，秦朝瓦解。随之而来的是楚汉相争。西楚霸王项羽后虽败于高祖刘邦之手，但在秦汉之际，项羽定都彭城，发号施令，分封诸侯，俨然如帝王。在内心深处，司马迁是喜欢这位力能扛鼎的英雄的。要不要把他写在帝王系列的本纪中，司马迁犹豫再三，拿捏不准。若以成王败寇论之，项羽不应入本纪，且他与高祖相抗衡，为汉家仇寇。身在汉室，司马迁实不应以帝王视

司马迁将项羽列入本纪，他认可了项羽的独特地位。

之。倘若本纪中舍弃项羽，又与他的实际功业不相符。

最后，司马迁想到孔子作《春秋》的先例，他觉得，项羽"位虽不终"，但像他这样的人物，"近古以来未尝有也"。于是司马迁将项羽列入本纪，他认可了项羽的独特地位。

要写本朝高祖的时候，他又一次为难，要不要将游历时在丰邑的见闻写进去。如果写入，有些事情势必会有损高祖形象；如果不写，丰邑之行的所得就失去了意义，后人对高祖的认识便会失真。但真要动笔写开国之君的瑕疵，恐又不容于世。

司马迁的夫人见司马迁的写作有几日处于停滞不前的状态，心疼不已，就问丈夫写作的情况。司马迁告知她事情的原委，夫人一听，莞尔一笑。

夫人说："看夫君茶饭不思，以为遇到天大难题，不曾想是发愁如何写。我虽不懂著述，但制衣我却懂。自家有许多衣料，发愁用不上，何不将不宜用在前面的布料用在背面，或者袖口腋下，彼此有些映衬。"

司马迁一拍几案，连夸甚妙。他决定将不宜写入高祖本纪的一些言行，写在其他人的传记中，以备后人阅读此书时，可以各篇相互映衬。

高祖之妻吕雉，虽为皇后，但在诸吕专权之时，一如项羽号令天下。因此，司马迁将吕后写入本纪。

令司马迁没想到的是，在接下来写汉武帝的问题上，他和家人发生了严重分歧。

按照司马迁的设想，汉武帝是必须要大书特书的。当他把这一想法告诉家人时，妻儿几乎全部反对。

"夫君万万写不得。今上不比高祖，一古一今，且尚未有定论，写之恐遭灾殃。"夫人说。

"盛世雄主，不写有负圣朝。"司马迁道。

"倘若圣上御览，稍微有些不满，可是犯上之罪。"次子司马观也劝阻父亲。

"父亲大人虽随侍今上多年，知道的事情甚多，然取舍之间，不可不慎。"儿子司马临也不同意。

"先父临终前，曾因未能载录明君贤臣而深表遗憾。我虽愚钝，欲承继先人之志，不敢付之阙如。"司马迁向夫人解释道。

"夫君拳拳之意，妾身也能领会。今上虽为千古明君，然是非曲直，不是我等能测度的。万一一语有错，即有灭族之罪，请夫君三思而后行。"夫人含泪相劝。

司马迁沉思良久，一言不发。妻儿看着司马迁，以为他接受了家人的建议，放弃写汉武帝。谁知司马迁沉思之后，态度竟然更加坚决。

司马迁说："今上外攘夷狄，内修法度，改正历法，确立大汉服色，岂能不写！"

这时，司马迁的女儿从外面进来，听到父母兄长的议论，明白了八九分。她这次毅然站在了母亲一边："阿父恕我多言。初衷好未必结果好，望您三思。"

虽然家人、好友都反对司马迁写汉武帝，但他要坚持己见。他背着家人等，悄悄地写下了《今上本纪》。今天的《史记》已经没有《今上本纪》，题目改为《孝武本纪》，内容也不是《太史公自序》所述的《今上本纪》，只是截取了《史记·封禅书》的部分内容。

好不容易写完了本纪，写世家时，司马迁特意安排了两篇文章：一篇写孔子，另一篇写陈胜、吴广。童年时期，司马迁就喜欢听祖父讲孔子的故事，后来自己读《论语》《春秋》和《尚书》，就更加仰慕孔子。在他看来，孔子身处礼崩乐坏的时代，编订典籍，提倡王道，传六经于后世，实在最有资格进入世家。而陈胜、吴广之事，司马迁在游历之时目睹当地百姓对陈、吴二人之推崇，且二人所为，堪比汤武革命，大泽乡一声"王侯将相宁有种乎"，天下诸侯"风起云蒸"，终灭暴秦，开天下反暴君之端。

　　列传虽罗列卓异之士甚多，篇目七十，但司马迁觉得，不仅要写中原人物，而且要写边疆四夷，天下一家，都当载入史册。壮年游历东南，入仕出使西南，侍从天子巡游东北、西北，司马迁对边地之民多有了解，于是他将南越、东越、朝鲜、西南夷乃至大宛和匈奴悉数入传。

　　当司马迁真正沉浸写作之后，进展颇为顺利。司马迁平时去官署处理文书，偶尔陪皇帝外出祭祀。

妻子为了不打扰他，专门给他腾了一间屋子。孩子们也都长大了，两个儿子也可以帮他研墨，或者用刀片帮他刮掉写错的地方。女儿乖巧伶俐，已经可以帮助母亲为父亲做饭。在家人协助下，他专心著述。

日复一日，年复一年，司马迁夜以继日地写作。写好的竹简越积越高，储备的墨块越来越少，司马迁的身形越来越瘦，他的头发逐渐变白了。家人不断地提醒他要注意身体，他总是笑笑，什么也不说，仍然不停地写。每当他感到疲惫的时候，父亲躺在病床上的情景就浮现在他眼前。不能懈怠！他暗中提醒自己。

除了写传记，司马迁还仿照过去谱牒的形式，将重大事件的时间制成年表。年表如圭表测日，一望皆知，因日有十干，故篇数为十。他在六国年表中说："或曰'东方物所始生，西方物之成孰'。夫作事者必于东南，收功实者常于西北。"这不能不说是"究天人之际"的一种探索。

"天人之际，承敝通变"，司马迁作八书以载之。瓠子口塞河之事，司马迁终生难忘；大禹治水的遗迹就在老家夏阳……因此，八书中，专辟一篇作《河渠书》，以明水利之要。

尽管司马迁曾向壶遂表示，自己要写的史书不同于《春秋》，但他确实想要弘扬《春秋》大义，"不虚美，不隐恶"，暗寓褒贬，传之后世。

陶醉在写作中的司马迁，做梦都不曾想到，上天会和他开一个天大的玩笑。

忍 辱

一

汉武帝天汉元年（前100），匈奴首领且鞮侯单于即位。新单于担心政权未稳，汉朝乘机来袭，于是主动示好，将之前扣押的汉朝使者悉数放回，并佯装谦卑之状，讨好汉武帝："我乃晚辈，汉天子为我丈人排行。"汉武帝见对方如此谦恭，非常高兴。

汉武帝派苏武和张胜等人出使匈奴，护送之前扣留的匈奴使者回国，并为且鞮侯单于备上了丰厚的贺礼。

且鞮侯单于见汉武帝如此高看他，顿时得意

忘形，苏武等人均大失所望。

苏武等人完成使命，正要返回中原，匈奴内部却发生了一件谋反的事情。匈奴一方认为此事与苏武等人有关，于是扣留了苏武等人。匈奴贵族将苏武安置在荒无人烟的北海，让他放牧公羊。苏武被告知，待羊生产之后便可放他回去。

此事很快传到了西汉朝廷，汉武帝勃然大怒。李陵主动请缨，要求自带一支部队，兵出兰干山攻打匈奴，以减轻匈奴对贰师将军李广利的正面压力。

汉武帝问他：“你需要多少军队？朕的军队已派出很多，没有骑兵可以给你。”

李陵道：“不需骑兵，只要五千步兵，便可直捣单于老巢。”

李陵率领五千步兵奋勇杀敌，箭不虚发，敌人无不应弦而倒。单于摸不清李陵的实力，又率八万骑兵第二次包围李陵。

李陵出征时带的一百五十万支箭都射光了。他叹着气告诉残余的部下：“若诸位手中尚有数十支箭，我们就可以突围。但现在没了兵器，大家只能坐等天亮被缚。与其被缚，不如大家朝各方逃跑，侥幸能逃回者，尚可向天子报告实情。"

突围的过程中，几千匈奴骑兵在后面追赶李陵。李陵长叹道："无面目报答陛下之恩！"无奈之下，李陵下马投降。

二

李陵投降匈奴的消息，很快传到汉武帝那里。一开始夸李陵英勇的大臣，这时也面面相觑，急忙改口，说李陵有罪，有负汉朝。汉武帝一时也搞不懂李陵葫芦里卖的什么药，食不甘味，卧不安席。

司马迁想起了李陵的祖父，前任郎中令李广。司马迁尚未作郎官时，李广领导众郎官。到司马迁作郎官时，李广已不再担任郎中令。司马迁见过李广，那是一位身高臂长的陇西汉子，天生的射箭好手，曾经误将草丛里的石头看作猛虎而射箭入石。在司马迁看来，军事天才李广虽身经百战，却得不到应有的封赏，这实在是悲剧。司马迁对不擅长交际的李广，充满了同情。李广最后一次迎战匈奴是与大将军卫青一起出兵的。当年汉武帝怀有私心，想让卫青独得头功，就有意不让李广与单于作战。后来李广孤军深入，迷失方向，未能接应卫青。卫青就威胁李广，要在天子面前弹劾他，逼得李广最后自杀。李广死后，天下百姓，无论老少，都悲伤流泪。

司马迁还想起了李陵的叔父李敢。李敢怨恨卫青逼死父亲李广，就打伤了卫青。卫青自知理亏，不和李敢计较。但是卫青的外甥霍去病对此却怀恨在心。当时，司马迁任郎中，李敢是司马迁的直接上司。汉武帝要去雍地打猎，李敢和司马迁都侍从左右，霍去病也在侍从之列。就在霍去病陪天子打猎的时候，他故意将弓箭射偏，一箭射死了李敢，为卫青出了一口气。这一切，司马迁都看在眼里。意外发生后，汉武帝偏袒霍去病，对外宣称李敢是在打猎时被鹿撞死的。

现在，厄运降临到李陵的头上。汉武帝偏袒李广利，否则李陵不会遭此大祸。在司马迁看来，李陵是个奇人，颇有国士之风。他孝敬母亲，以诚待人，不贪财，不嫉妒，非常注重礼节。更为重要的是，为了国家，李陵可以奋不顾身。李陵虽然投降了，但司马迁觉得其中必有隐情。

看到汉武帝焦虑的样子，司马迁想把自己的想法告诉汉武帝，以宽慰他。

司马迁说："李陵平素与人交往，绝不争利，与人分物，甘愿少得，故士卒愿意为国效命。古代名将，也不过如此。"

汉武帝点点头。司马迁说："李陵深陷重围，一定是自知无力扭转败局，假意投降，等到将来有了机会，再回到汉朝报答陛下。"

汉武帝看着司马迁，反问道："何以知之？"

司马迁自信地说："据我对他们李家的观察和对李陵的了解，故作这样的推断。"

汉武帝没作声。司马迁旁边站着协律都尉李延年。

司马迁说："听其言，观其行，见微可以知著，居常可以达变。"

汉武帝说："汉匈之间战战和和。眼下匈奴初立，得天佑助，正是扬我国威之时。李陵降敌，折辱大汉，这是事实！"

司马迁说："李陵和其祖飞将军一样，不擅长交际，不喜逢迎，故未成名将。他此次虽败，然杀敌之多，迫单于之近，足以扬我国威，将功抵过。"

李延年听到"交际""逢迎"之类的话如芒在背，他反问司马迁："所谓名将，所指何人？"

汉武帝听司马迁说李陵功劳大，不擅长逢迎拍马，似乎是在故意贬抑李广利，而有意为李陵开脱罪名。未等司马迁开口，武帝就大喝一声："休妄言！"

司马迁本想接着说下去，请求汉武帝惩治对李陵落井下石的人，但汉武帝不等他说完，就已经龙颜震怒。

汉武帝有意让贰师将军李广利夺首功，如今被司马迁说到心虚处，不由得恼羞成怒，令人审判司马迁。

司马迁百口莫辩，最终被投到大牢之中。

三

司马迁在监狱中静静等待皇帝对他的最终处理

未等司马迁开口，武帝就大喝一声：“休妄言！”

意见。

在阴暗潮湿的牢房里，司马迁亲眼看到，一个年轻犯人因回答狱卒问话稍微迟缓，竟险些被狱卒折磨致死。

透过牢门，司马迁看见几个狱卒跟随一名狱官走了过来。他们走到司马迁的牢房门口停了下来，为首的狱官问："你就是为降将李陵说话的司马迁？"

司马迁说："是。"

"好好反省！"狱官撂下一句话就走了。

汉武帝冷静下来之后，反复思考司马迁的话，也觉得自己未能给李陵提供后援，才导致李陵惨败后投降。因此，他专门派人去犒劳从前线逃回来的李陵部下。

第二年，汉武帝派公孙敖率兵深入匈奴内部，以接应李陵回国，但公孙敖无功而返。公孙敖从抓获的一个匈奴俘虏口中得知，李陵正在帮匈奴练兵准备攻打汉朝。公孙敖回来之后，将此事禀报汉武帝，并把自己无功而返的原因全都推到李陵身上。汉武帝下令处决了李陵的所有亲人。

如果公孙敖这次能将李陵从匈奴带回的话，囚禁中的司马迁自然就可以无罪释放。但公孙敖带回的消息无疑证明，司马迁所说的李陵假降，是欺骗皇帝之词。因此，司马迁在狱中等来的最终判决是诬罔之罪，也就是欺君。按照汉朝法律，欺君之罪必死。

司马迁坐在监狱的地上，他不敢相信李陵是这样的人，也不相信公孙敖说的是真话。司马迁知道，摆在他面前的路有四条可走：第一，让家人凑够五十万钱为自己赎罪；第二，自杀以免受辱；第三，静静等待朝廷的处决；第四，司马迁怎么也不敢往下想。这第四条路就是接受宫刑来保全性命。

消息传到司马迁家里，妻儿抱头痛哭。司马谈在世的时候，也只有六百石的俸禄。司马迁做郎官时，俸禄才三百石。其实最后发放到他们手中的，都比这个数字少很多。司马谈死后，司马迁接替太史令，也仍然是六百石的俸禄。

家中无钱，司马迁从狱中传话给家人，让家人找几位亲朋故旧凑钱。见司马迁触怒了皇帝，以前的朋友都以无钱为由婉拒了。没有一个朋友在皇帝面前为司马迁求情。司马迁倍感世态炎凉，因此在《史记》中，他才会感叹道："一死一生，乃知交情。一贫一富，乃知交态。一贵一贱，交情乃见。""千金之子，不死于市，非空言也。"

交钱赎罪的路是走不通了，难道就等着受死吗？司马迁手扶狱壁，在恍惚中他看到祖父和父亲向他走来，他们都在向他微笑。司马迁想起了父亲的遗命。

为了完成父亲的遗愿，司马迁著书已七年，眼看就要完成了，怎么能死呢？活下去，即使是为了父亲也要活下去！只要著作能完成，哪怕千刀万剐也在所不辞。

司马迁下定了决心，请求对他施以宫刑。对于一个男人来说，这是一个多么痛苦的决定啊！

司马迁受了宫刑后，有关李陵的消息又从匈奴传了过来。原来为匈奴练兵者不是李陵，而是汉朝降将李绪。由于语言不通，匈奴俘虏误将李绪说成了李陵。李陵愤怒地杀死了李绪。可是，汉武帝杀了他在汉朝的家人，他再回到汉朝又有什么意义呢？在他送别被匈奴扣留的老友苏武时，他悲愤地唱道:"老母已死,虽欲报恩将安归!"

遭受宫刑的司马迁内心极度愤懑。如果李陵的确切消息能从匈奴早一点传回来,自己就不会遭受宫刑了。可是,哪里有那么多如果呢?

司马迁在《史记》中叩问道:"余甚惑焉,傥所谓天道,是邪非邪?"他痛下决心,忍辱负重地活着,不为别的,只为著书。

退 隐

一

就在司马迁遭受宫刑的第二年，朝廷大赦天下，司马迁成为完全自由的人。太史令是不能干了，因为身体已有残缺，他不再适合参与宗庙祭祀之事。

汉武帝认识到，在李陵事件中，自己也要负一定的责任。对于司马迁，他似乎也有些歉意，于是提拔司马迁做中书令。

司马迁比以前更加专注著述。受此一难，让他对汉武帝和朝廷有了与以往不同的认识。

中书令的职位比太史令高，俸禄也多得多，太史令是六百石，中书令是两千石。司马迁负责掌管皇帝的机密文件，将皇帝的命令传到尚书，同时将尚书的奏议转给皇帝。

司马迁对身外之物早已不在乎了。晚上，司马迁躺在床上翻来覆去睡不着。他想到古人的三不朽："'太上有立德，其次有立功，其次有立言。'虽久不废，此之谓不朽。"立德之事，非凡夫所能，那是尧、舜、禹、孔子才能完成的。立功，要有一定的职位，遇合于世，才能建立旷世的功勋。作为刑余之人，又怎能垂事功于青史呢？欲求不朽之名，唯一可行之路就只能是立言了。著书立言，承父志而求不朽，方不枉此生。司马迁终于有勇气面对宫刑这一事实了。

在别人眼中，司马迁还是如往昔一般往返于官署，宫刑没有影响他的仕途，反而升迁做了中书令。但司马迁不停地提醒自己：活着是为了著书。他要将自己的整个生命融入所著的书中。他历数往古圣贤：

盖西伯拘而演《周易》；仲尼厄而作《春

秋》；屈原放逐，乃赋《离骚》；左丘失明，厥有《国语》；孙子膑脚，《兵法》修列；不韦迁蜀，世传《吕览》；韩非囚秦，《说难》《孤愤》。《诗》三百篇，大抵圣贤发愤之所为作也。

周文王、孔子、屈原、左丘明、孙膑、吕不韦、韩非，乃至《诗经》当中那些无名的作者，大都是经历挫折、磨难才写出了不朽的著作。这些人难道不应该成为自己效法的榜样吗？

想到这些，司马迁更加自信了。可是，人非草木，孰能无情。在写作的过程中，司马迁还是经常按捺不住自己激动的心情。

伯夷、叔齐两位圣贤忠贞不贰，气节高尚。作为殷商的子民，他们不食周粟，饿死在首阳山。在《史记》中，司马迁写道："天道无亲，常与善人。"司马迁产生了质疑："难道伯夷、叔齐不是善人吗？天道为什么没有帮助他们？"

写到刺客，写到游侠，想到那些一诺千金的英雄，司马迁遗憾的是自己身边竟然寻找不到奇士。

楚国忠臣伍子胥的父兄被人陷害，被楚平王处死。伍子胥逃到吴国后被委以重任，最后他与孙武一起攻进楚国。伍子胥掘楚平王墓，并鞭尸为父兄复仇。司马迁把伍子胥塑造成了敢于鞭挞昏君的侠士。

就在司马迁隐忍著书之际，他收到了朋友任少卿的书信。原来，任少卿卷入了巫蛊之祸。

有人向汉武帝告发，太子用巫术加害皇帝。太子听说告发之事后甚为恐惧，不得已起兵讨伐诬告之人，但却遭到皇帝的镇压。皇后卫子夫和太子被逼无奈，相继自杀。太子在自杀之前，曾派人向握有兵权的护北军使者任少卿求援。任少卿曾在卫青府中谋职，因此太子才会求援于他。任少卿虽接受太子之节，但紧闭城门，不肯发兵。后来汉武帝查明了巫蛊事件，那些与太子为敌、反对太子和不肯帮助太子的人都被治罪。对于任少卿，汉武帝觉得他过于奸猾，要处以腰斩。

任少卿给司马迁写信，委婉地请求司马迁帮他向皇帝求情。最后，任少卿还是被腰斩了。

司马迁曾复信任少卿，但任少卿已经离开了这个世界。手抚竹简，司马迁内心难平，含泪写完了父亲临终嘱托的《太史公书》的最后一字。司马迁想起给任少卿信中的话："人固有一死，死有重于泰山，或轻于鸿毛，用之所趋异也。"现在，他完成了父亲的遗命，死而无憾了。

著作完稿之后，司马迁如释重负。司马迁的夫人看着头发斑白、满脸憔悴的丈夫，在一旁默默流泪。女儿悄悄地为母亲拭去泪水。两个儿子则忙着帮父亲整理写好的竹简。

《太史公书》完成以后，家人为司马迁准备了一桌丰盛的饭菜。

司马迁斟满酒，建议两个已经成年的儿子也喝一杯。

司马迁笑着问兄弟二人："知道为父给你们名字名的寓意吗？"

司马临和司马观二人相互看了一下对方，说："请父亲大人教诲。"

司马迁放下酒杯，用手指蘸了一下杯子里的残酒，在几案上一边写，一边说道："临观之义，或予或求。"

长子司马临问："这就是我们名字的出处？"

司马迁颔首微笑，解释道："临和观是《易》中两卦，揭示了给予和索取之道。人生在世，无非是求人和与人而已。索取源于嗜欲，给予源于爱人。为父希望你们多给予，少索求。给予他人者愈多，则己愈多。索取之欲会滋生贪得无厌，不可长保。"

二

年迈的司马迁在著作完成之后，对仕途已无半点留恋。两个儿子陆续成家，女儿也嫁给了大将军霍光手下的军司马杨敞。司马迁决定致仕还乡，就以年迈体衰为由，上了请辞的奏章。汉武帝准辞，司马迁从此远离宦海。

致仕后的司马迁，深居简出，除了读书，就是修订著述。后来，他和夫人商量，搬出长安，住到远离纷扰的南山之中。儿女们不放心，劝他留在京城。夫人理解司马迁的心境，她说服了子女，与司马迁携《太史公书》，搬至山中。

一切又像儿时一样，司马迁灌园，耕耘，饲养禽畜。

司马迁经常在山间溪畔望着云朵沉思，思千百年来穷则必变，思芸芸众生与天相偕。

一天，司马迁捡柴归来，正要掩上柴扉，一位须发皆白的老者向司马迁讨水喝。司马迁见老者气度不凡，就将他引入院内。

老者自言乃导引养生之士，避居山中已多年，其师祖曾见过留侯张良。司马迁见老者思想深邃，推测其为避世贤者。

老者与司马迁坐于院中，面对青山，谈论古今。

司马迁问："先生导引养生，以求延年，不知高寿几何？"

老者笑道："虚度九十有三。"

"先生为何避世而居，不求令'名垂于后世'吗？"司马迁问。

"浮名伤生，利禄伤仁。追名逐利，劳神动欲。身不能存，虚名何益？欲不可纵，纵欲亡身。知进忘退，必致颠陨。"老者说。

司马迁认同老者的话。二人相视一笑，默然相契于心。

这时，司马迁的夫人已将果蔬备好。司马迁又搬出一罐自酿米酒，取出两个耳杯，招待老者。

"利禄伤仁，在下深以为然。以前读孟子之书，至梁惠王问'何以利吾国'，废书而叹。世人逐利忘义，由来久矣！"司马迁说完，又叹息摇头。

老者仰天大笑，道："人性逐利，好像水往下流，本性使然，虽圣人不能禁，不必为此苦恼。"

司马迁想到李陵案，想到自己的命运，想到好友任少卿，不禁感慨起来："天下熙熙，皆为利来。天下攘攘，皆为利往。"

老者停箸点头，说："世人只知利可安身，不知逐利耗神害身，得少于失。"

"如此看来，愚痴者众，智慧者寡啊。然无财不足以养身，无禄不足以威众。正如先生所言，求富贵乃人之性情。有道有度乃可，失度则祸乱滋生。"司马迁觉得逐利是人之性情，虽无法遏止，但对欲望也需加以约束。

两人说着说着，不知不觉从个人名利说到了天下大势。

司马迁说："天人之际，今上所重，博士董仲舒亦曾对策发皇其义。以先生之见，该作何解？"

老者说："天道独行，人不能改。顺天者昌，逆天者亡。智者因其势而为，事半功倍；愚者逆其势而行，徒劳无功。"

"天道渺茫难知，测星修历为了解天道之一途，但星象有验有不验。星变则以人事相补救，人事以修德为主。此为天人之际思想中最重要的方面。"司马迁谈了自己的看法。

老者未置可否。

"先生所谓的天道、大势，愚以为即人心所向。西楚霸王项羽，毫无权柄，顺应天下反秦大势，终立大功。然其分封诸侯，不合时势，欲以武力争夺天下，落个身死东城的下场。项羽认为被天所灭，其愚可叹！秦世名将蒙恬被逼吞药自杀，死前将罪过归咎于修长城掘断地脉。实则在秦灭六国之初，天下人心未定，民生凋敝，蒙恬不劝谏秦始皇恢复农业，反而迎合上意贪图立功，兄弟二人败亡，与地脉何干？此二人成败，无关天、地，在乎己身。"司马迁将自己的思考和盘托出。

老者说："天有天道，人有职分。尽分顺天，

在生命最后的时光里，司马迁写下了《悲士不遇赋》。他回顾自己的一生，感慨万千。

安乎自然。"

司马迁赞叹道："先生真是智者！"

老者又饮了几杯酒，向司马迁夫妇道谢告辞。司马迁颇有惜别知音之感。

司马迁知道："物盛则衰，天地之常也。知进而不知退，久乘富贵，祸积为祟。"见盛观衰，是古今之变的规则。若能承敝通变，自然会再造盛世。然而，现在的大汉帝国也许已走在衰退的路上……

在生命最后的时光里，司马迁写下了《悲士不遇赋》。他回顾自己的一生，感慨万千。"没世无闻，古人惟耻"，这句话表明司马迁虽受到不公平的待遇，但他仍以积极的态度去面对。虽然社会黑暗，但在司马迁看来，人应该"将逮死而长勤"。他后半生忍辱兑现了对父亲的承诺，完成了五十多万字的鸿篇巨制。他是在用这一百三十卷的文字来证明此生的用心。

窗外飘起了雪花。司马迁躺在京师故宅的榻上，妻子、儿女守护在床前，默默地注视着他。

"人固有一死，死有重于泰山，或轻于鸿

毛。"司马迁吟诵着自己写下的文字，轻轻闭上了双眼。

司马迁死后十余年，他的外孙杨恽将外祖父的著作向外流传了数卷。从此，人们才知道天地之间竟然还留存着气势如此恢宏的文字。这些文字出自一部伟大的著作，今天我们叫它《史记》。

司马迁
生平简表

● ◎汉景帝中元五年（约前145）

生于夏阳龙门。

● ◎汉武帝建元五年（前136）

父亲司马谈升任太史令，司马迁诵习古文经典。

● ◎建元六年（前135）

司马迁跟董仲舒学习《春秋》。

● ◎ 元朔二年（前127）

___

司马迁跟孔安国学习古文《尚书》。

● ◎ 元朔三年（前126）

___

司马迁游历四方。

● ◎ 元狩元年（约前122）

___

司马迁入仕为郎中。

● ◎ 元鼎六年（前111）

___

司马迁奉命出使巴蜀以南，到达邛、筰、昆明等地。

● ◎ 元封二年（前109）

___

司马迁陪汉武帝至濮阳瓠子决口处，负薪塞河。

● ◎ 元封三年（前108）

___

司马迁继父职为太史令。

● ◎ 元封五年（前106）

——————————————————————

司马迁随侍汉武帝南巡。

● ◎ 元封六年（前105）

——————————————————————

司马迁随侍汉武帝北巡。

● ◎ 太初元年（前104）

——————————————————————

司马迁任太史令，参与制定《太初历》，开始写《史记》。

● ◎ 天汉二年（前99）

——————————————————————

李陵兵败降匈奴，司马迁为李陵辩解，因触怒汉武帝，被下狱。

● ◎ 天汉三年（前98）

——————————————————————

李陵家族被灭。司马迁被处以宫刑。

● ◎ 天汉四年（前97）

——————————————————————

司马迁出狱，任中书令。

●◎征和二年（前91）

司马迁复信任少卿，即《报任安书》。《史记》基本完稿。

●◎征和三年（前90）

李广利出朔方，以兵降匈奴。司马迁修订《史记》，载录此事。此年以后，司马迁淡出世人视野。